U0932597

卡拉瓦乔传

〔美国〕弗朗辛·普罗斯 著
郭红英 译

Caravaggio: Painter of Miracles

Francine Prose

译林出版社

图书在版编目（CIP）数据

卡拉瓦乔传 /（美）普罗斯（Prose，F.）著；郭红英译.
—南京：译林出版社，2016.6
（星汉传记）
书名原文：Caravaggio：Painter of Miracles
ISBN 978-7-5447-6335-6

Ⅰ.①卡… Ⅱ.①普… ②郭… Ⅲ.①卡拉瓦乔，M.D.（1571～1610）－传记 Ⅳ.①K835.465.72

中国版本图书馆CIP数据核字（2016）第088141号

著作权合同登记号　图字：10－2013－101 号

书　　名	**卡拉瓦乔传**
作　　者	〔美国〕弗朗辛·普罗斯
译　　者	郭红英
责任编辑	韩继坤
特约编辑	苑浩泰
出版发行	凤凰出版传媒股份有限公司 译林出版社
出版社地址	南京市湖南路1号A楼，邮编：210009
电子信箱	yilin@yilin.com
出版社网址	http://www.yilin.com
印　　刷	三河市冀华印务有限公司
开　　本	640×960毫米　1/16
印　　张	9
彩　　插	36
字　　数	78千字
版　　次	2016年6月第1版　2017年7月第2次印刷
书　　号	ISBN 978-7-5447-6335-6
定　　价	36.00元

译林版图书若有印装错误可向承印厂调换

卡拉瓦乔

Caravaggio

生病的巴克斯
Sick Bacchus

抱水果篮的男孩

Boy with a Basket of Fruit

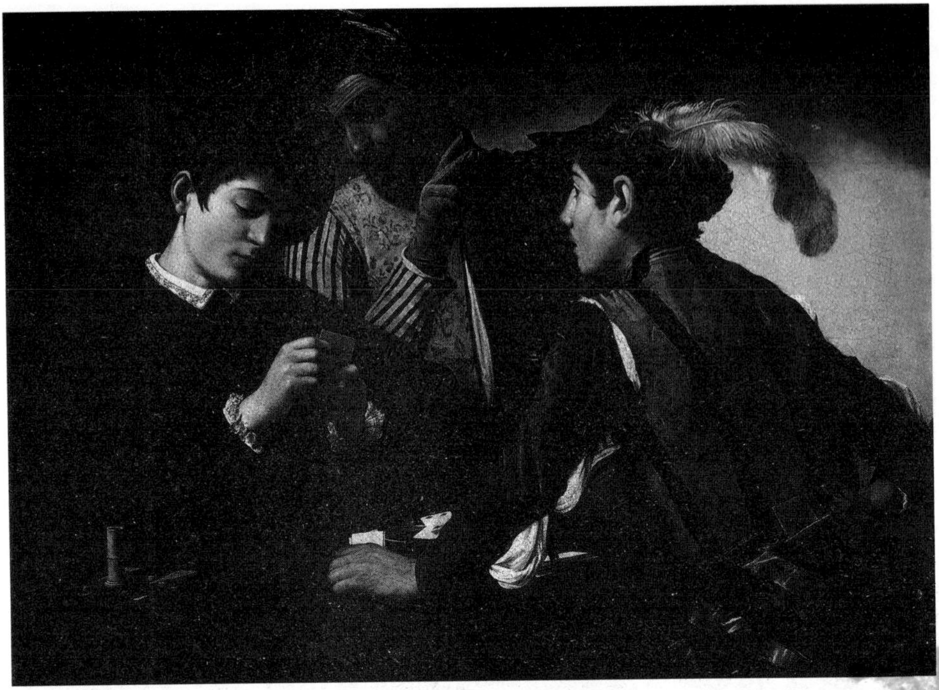

老千　The Cardsharps

占卜者　The Gypsy Fortune-teller

音乐家们　The Musicians (A Concert of Youths)

鲁特琴手　The Lute Player

水果篮　The Basket of Fruit

酒神巴克斯

Bacchus

被蜥蜴咬伤的男孩

Boy Bitten by a Lizard

美杜莎　Medusa

抹大拉的皈依

The Conversion of Magdalene

忏悔的抹大拉

Penitent Magdalene

逃往埃及途中的休息　The Rest on the Flight into Egypt

昏迷中的圣方济各　The Ecstasy of Saint Francis

犹滴砍下何乐弗尼的头　Judith and Holofernes

圣马太蒙召　The Calling of Saint Matthew

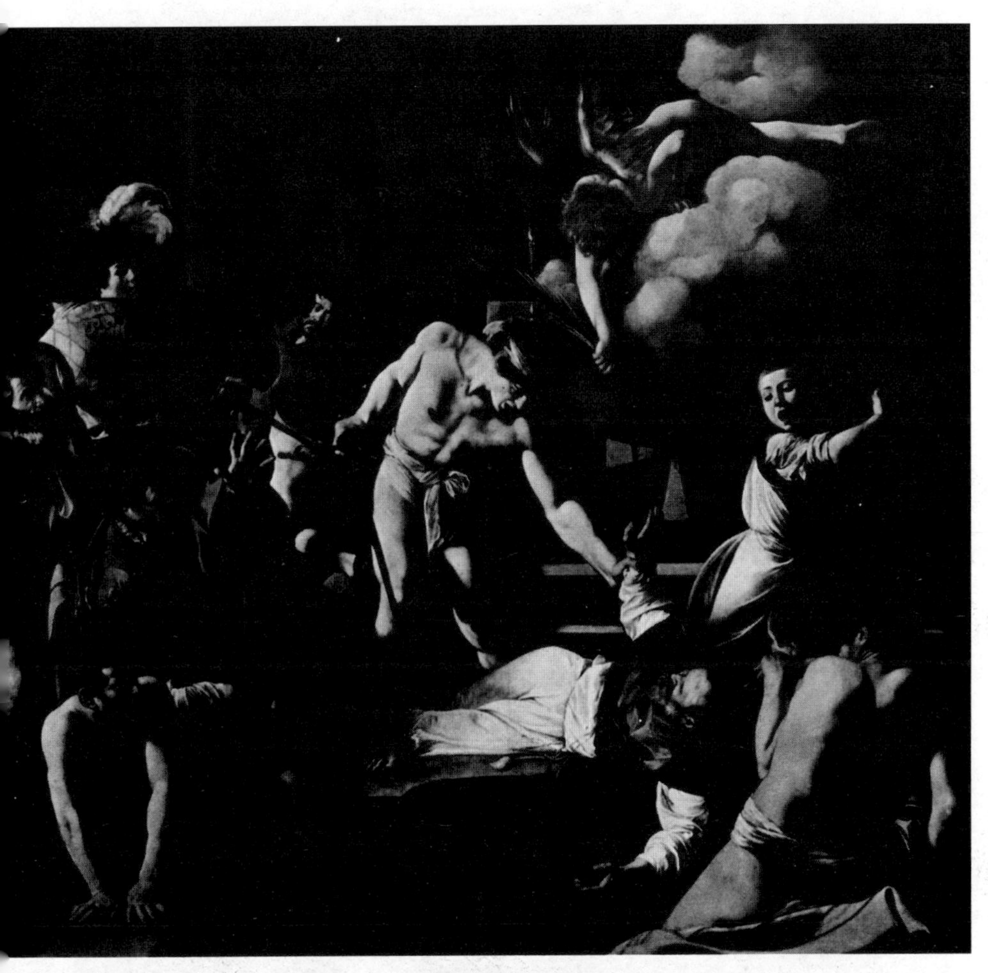

圣马太殉难

The Martyrdom of Saint Matthew

圣保罗的皈依

The Mystery of the Conversion of Saint Paul

第一版

第二版

钉死于十字架的圣彼得

The Crucifixion of Saint Peter

施洗者圣约翰

Saint John the Baptist

1610年版　　1602年版

那喀索斯

Narcissus

胜利的丘比特

Victorious Cupid

以马忤斯的晚餐　The Supper at Emmaus

第一版

第二版

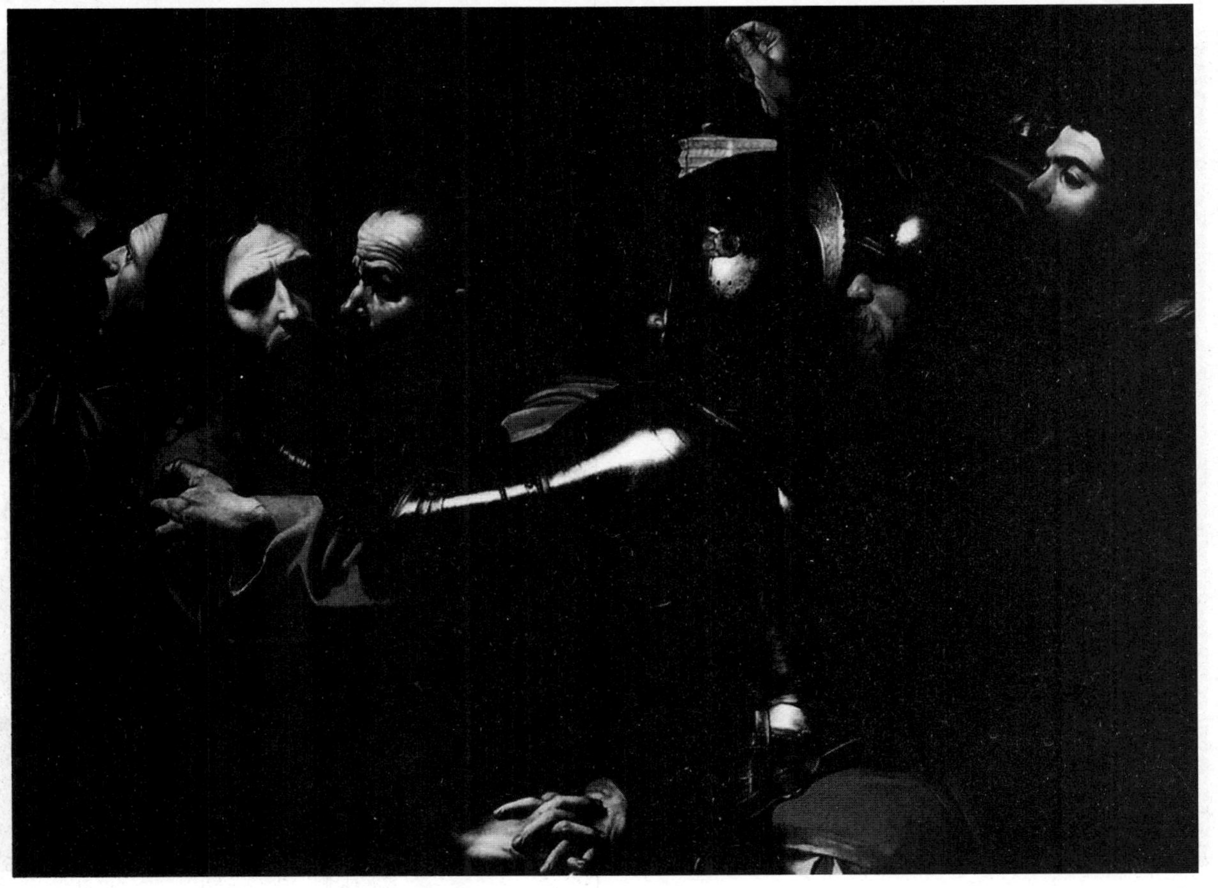

耶稣被捕　The Taking of Christ

圣马太的灵感

The Inspiration of Saint Matthew

第一版　　第二版

圣母之死

The Death of the Virgin

基督下葬（耶稣遗体的下放）

The Entombment of Christ

洛雷托的圣母

Madonna of Loreto

圣母玛利亚与蛇

Madonna with the Serpent

七仁慈

The Seven Acts of Mercy

被鞭笞的耶稣

The Flagellation of Christ

维格纳科特和他的侍从

Portrait of Alof de Wignacourt and His Page

莎乐美收到施洗者圣约翰的头

Salome Receiving the Head of John the Baptist

遭砍头的施洗者圣约翰

The Beheading of Saint John the Baptist

圣露西的葬礼

The Burial of Saint Lucy

拉撒路的复活

The Resurrection of Lazarus

手提歌利亚头颅的大卫

David with the Head of Goliath

卡拉瓦乔的竞争者巴洛里昂的作品

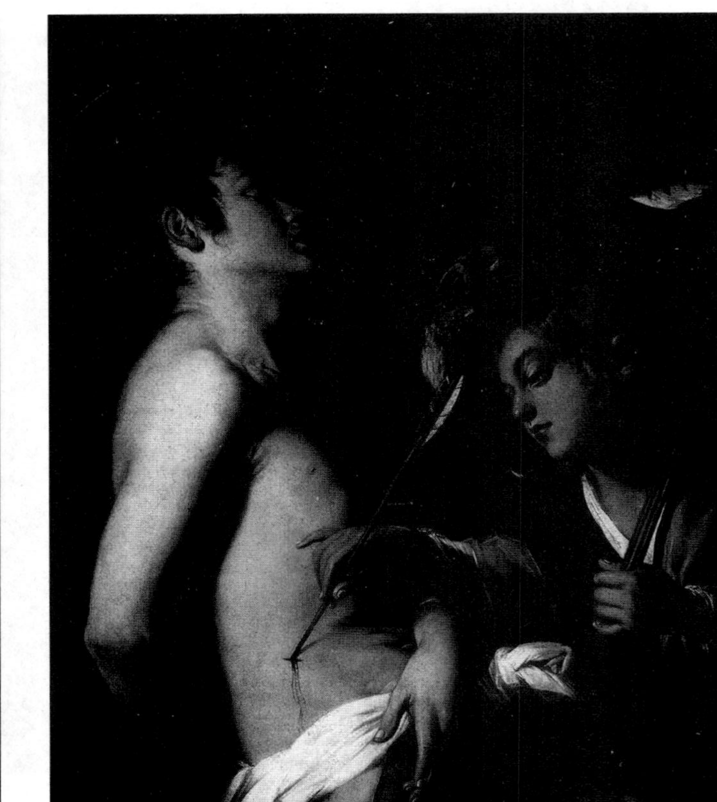

圣爱战胜世俗、肉体和魔鬼

Heavenly Love and Earthly Love (By Baglione)

天使治愈圣塞巴斯蒂安

St Sebastian Healed by an Angel (By Baglione)

他死于1610年的夏天，时年39岁。在他人生的最后四年，他一直四处流亡，疲于奔命。即使睡觉时，他也穿戴得整整齐齐，身边放着匕首。他总是认为仇敌在逼近并意图杀死自己。

在罗马时，他由于在决斗中刺死了人而被通缉，而这场决斗据说是起因于一次网球比赛的赌博。这已经不是他第一次身陷法律纠纷了。他曾因为诽谤罪而被控告，由于无证携带武器而被捕，还因为把一盘子洋蓟扔在了侍者的脸上而被起诉，诸如此类的事使他不断地被拘禁。他甚至还因为向警察扔石头，冒犯了两名妇女，骚扰以前的一个女房东，打伤了一名监狱警卫等等事情受到过指控。他同时期的人都把他描述为一个喜怒无常、脾气暴躁且充满暴力的人。

米开朗基罗·梅里西，也就是人们所熟知的卡拉瓦乔，是罗马当时炙手可热、受人追捧且收入极高的画家。但是这次即使是他颇具影响力的赞助者也不能帮他摆脱谋杀的指控。事发后，他逃到了城外的山上，然后来到了帕莱斯特里纳附近的一个小村子。在那里他本可以安全地生活在他的赞助者科隆纳家族①的保护下，因为这里在罗马教皇的管辖范围之外。但是这种田园式的小镇生活对于卡拉瓦乔来说似乎是太单调了。与之相比，他更怀念罗马战神广场的混乱生活——那些小酒馆、妓院甚至街头群殴，当然对于他来说最重要的是与其他同辈艺术家之间激烈的、能给人带来活力的竞争——尽管大部分艺术家是他根本瞧不起的。

在罗马，他抓住一切机会——即使是不得当、不合适的——来批评他同时期的艺术家，来宣扬他自己关于艺术的真正目的的观点。他狂热地坚信自己的观点，正是这种观点导致了他的怪僻行径，使他从富有到流浪直至最后自我毁灭的急剧堕落。回顾他的一生，他蔑视一切及毫无耐性的个性似乎是可以理解的。作为一个饱受挫折的天才，他的身边充斥了大量糟糕的、受人欢迎、获利颇丰甚至受人尊敬的艺术。

在逃亡期间，他几乎一直坚持不断地作画。尽管面对巨大的压力及不断变动的作画环境——也许正是因为这些——他的作品变得更加野心勃勃、色调阴郁，并且有更深的暗影部分。在他犯下谋杀罪的几个月后，他出现在了那不勒斯，在那里

① 科隆纳家族（Colonna family）是古老且显赫的意大利贵族家庭，可追溯到12世纪，其原籍在罗马附近的科隆纳镇，家族姓氏由此而来，历史上曾出过一个教皇和许多枢机主教以及其他政治领导人。

他完成了两幅主要的祭坛画及几幅小点儿的油画。但是他再一次地开始烦躁不安起来。也许是因为他一直被追踪，也许这一切只是他的想象。但不管怎么样，他认为自己别无选择，只能离开这个城市。

过去，他曾向他以前的雇主及后来的竞争对手——朱塞佩·切萨里（阿尔皮诺骑士）挑起决斗。骑士回复他说，尽管他非常愿意和他决斗，但是他作为马耳他骑士的身份不允许他与比自己身份低的非骑士的人进行那种无意义的街头打斗。现在，因为卡拉瓦乔正在想离开那不勒斯后去哪里的问题，很有可能正是骑士曾经的侮辱促使他决定坐船去了马耳他。他想成为一名马耳他骑士，他渴望加入耶路撒冷圣约翰骑士团①——一个遵奉修道士的清贫与贞洁的誓言并发誓要忠诚于基督教信仰的骑士团体。也有可能是他听说了马耳他骑士们在找寻一名画家来装饰瓦莱塔②的圣约翰大教堂③以后才前往马耳他的。

从马耳他开始，他的经历陷入了一种模式，这种模式贯穿了他逃出罗马后的流亡生涯。由于他的声名早已远播，也由于他与马耳他骑士团首领的密切关系，他受到了当地贵族

---

① 全称耶路撒冷圣约翰医院骑士团，又名医院骑士团（Knights Hospitaller），成立于1099年，后演变成马耳他骑士团，成为联合国观察员的“准国家”组织持续至今，是最为古老的天主教修道骑士会之一，历史上著名的三大骑士团之一。

② 马耳他首都。

③ 原称耶路撒冷圣约翰骑士团女修道院教堂，建于1573年至1578年，以圣约翰骑士团的守护神命名，是世界上最著名的大教堂之一。

们的热烈欢迎，并接到了很多有威望的人的作画委托。才华横溢的他充满激情地作画。受到崇尚自然主义的信仰驱使，他雇佣了人物模特并让他们摆出戏剧性的造型来重现《新约全书》里的及早期基督教殉教者们的生死的场景。一直以来，他总是用一种超出艺术常规的新奇方式来重塑这些场景。这样的方式为圣经故事直接注入了活力并能引起观者的共鸣，使观者立刻对他们所看到的受难及拯救的场景深刻理解且深深信服。通常在他的赞助者做出反应前，人们就对他的作品反响强烈了——这些杰作既不是用原色，也不是用明亮的色彩来展现圣人的圣洁及天堂的绚烂，而是以类似于他们居住的布满了灰尘的街道、黑暗的屋子为背景。

不可避免地，他的作品被广泛地争议，其中有狂热的钦慕者，也有嫉恨者。他的作画薪酬也随着名声而与日俱增。在等待着能够让他重返罗马的赦免的流亡期间，他找到了一种生存之道，既可以养活自己，又可练习提高自己的画技，而且不受他所依赖的慷慨的资助者及令人心烦意乱的罗马阴谋的影响。随后，好像也是不可避免地，又出问题了。

在瓦莱塔，他成功地被任命为了马耳他骑士——这并不是一件容易的事情，因为这种荣誉大部分只会授予贵族的后代。毫无疑问，他的任命多少都和罗马的支持者的影响力及他曾经为骑士团首领阿罗夫·德·维格纳科特画过精美的画像有关。但是再一次地，这位艺术家的状况发生了突然而戏剧性的转变，因为他刺伤了一位地位比他高的骑士，结果他被捕入狱，进了臭名昭著的瓦莱塔圣天使城堡戒备森严的堡垒。

卡拉瓦乔逃了出来。他认为在追捕他的人中，不仅有罗马教皇的手下，而且还有一群急于复仇的马耳他骑士，因为他们的军事法律的荣耀被严重冒犯了。他仓皇地逃到了西西里。在锡拉库萨[①]，他和马里奥·明尼蒂相聚了。马里奥·明尼蒂是卡拉瓦乔的亲密朋友及艺术伙伴，在罗马时，他一直和卡拉瓦乔住在一起并给他当过模特。在锡拉库萨逗留期间，卡拉瓦乔为殉教者圣露西修女[②]的埋葬地圣露西亚教堂画了一幅画，名为《圣露西的葬礼》(*The Burial of Saint Lucy*)。

在 1608 至 1609 年的冬天，他离开锡拉库萨去了墨西拿。一到达墨西拿，他立刻就接到了一份要求他画《拉撒路的复活》(*The Resurrection of Lazarus*)的委托任务。据一位早期的传记作者所说，卡拉瓦乔毁掉了这幅画的第一版，因为他觉得那些愚蠢的乡人（这些人现在是他主要的支持者）不能够欣赏。后来他又重新画了那幅画，应该是在同一批模特的协助之下，他雇用了当地的人抬着一具尸体来帮助他作画，而那具尸体便是画中死去的拉撒路的原型。随后他又陷入了和当地一名教师的争斗中，这名教师指控他太过于专注地盯着

① 锡拉库萨 (Syracuse)，又译叙拉古，是位于意大利西西里岛东岸的一座古城，由古希腊科林斯的殖民者于公元前 734 年建立。

② 圣露西 (Saint Lucy，283—304)，又称圣露西亚 (Saint Lucia)，是一位年轻富有的基督教殉道者，盲者的主保圣人。

年轻的男学生。于是卡拉瓦乔离开墨西拿去了巴勒莫。在巴勒莫时，他画了一幅《耶稣诞生图》，可惜此画后来在一场地震中被毁了。

离开巴勒莫后，他又回到了那不勒斯。在那里，在一家小酒馆的打斗中他受了重伤——但是传闻说他被杀死了。他的面部被割伤得非常严重以至于几乎难以辨认。据推测，这次袭击事件是卡拉瓦乔来自马耳他的宿敌所策划的。在康复期间，他就开始创作一系列小幅的油画，这些油画是专门画给为他的案子陈述案情的一些有权势的罗马朋友。终于，他接到消息说关于1606年的谋杀案他被给予了官方的赦免。

他随身带了几幅画，坐船启程前往罗马。但是在途中他遭遇到了一个偶然事件——最后却成了灾难。在当时处于西班牙管辖下的托斯卡纳港，他所坐的船被扣押了，而卡拉瓦乔可能是被误认为他人，所以被带去审问。涨潮时，没等他回来船就开走了。

两天后,他从监狱里被释放出来。疾病缠身（可能是疟疾）的他既愤慨又绝望，可能还有点精神紊乱。他决定去追赶带走了他全部财产和画作的船。尽管没有追上船，他下决心要沿着滚烫的海岸一路走着去追赶那已经远去的船。他一直走到了埃尔科莱港口，终于病倒了，并且由于高热死在了由圣赛巴斯提阿诺兄弟开办的小医院里。

没几天，关于他死亡的消息就传遍了罗马。最开始只是谣传，最后得到了证实——他确实死在了埃尔科莱港口，而且在他死前他得到了罗马教皇的赦免。卡塞塔的主教立刻被派去追踪卡拉瓦乔遗失的画作。其中的一幅《施洗者圣约翰》(*Saint John the Baptist*) 在那不勒斯被发现——现保存在罗马的波各赛美术馆。

似乎是很巧合，他的画作在经历了最后那些不幸的日子、时光与判决后，在最后的旅途中被保存了下来。历史证明，这最后不幸的转折事件事实上是对未来的一种预示，预示着卡拉瓦乔艺术作品的生命力要比他本人那暴力且戏剧般的人生更持久。

然而几个世纪以来这种征兆一直没有变为现实。对于他道德败坏的质疑源源不断，这导致了其作品得不到有效的保存。三百多年以来，他的作品都被人藐视或直接忽视。一个早期的传记作家乔万尼·皮尔诺·贝洛里[1]完全是通过自己的评价给后世的批评家们树立了一个范例。他批评卡拉瓦乔的作品是“没有任何艺术价值的效仿之作”，不仅“玷污了艺术的崇高”而且“贬低了美好的事物”。他还写道，卡拉瓦乔“粗野十足，既没有创意，又毫无构思，更不具备任何的绘画知识。只要模特从他的眼前消失，他的大脑就会是一片空白”。

① 乔万尼·贝洛里（Giovanni Bellori，1615—1696），意大利艺术评论家。

据尼古拉斯·普桑[1]的朋友，传记作家安德烈·菲力宾称，普桑根本就瞧不起卡拉瓦乔，还说“卡拉瓦乔来到这个世界上就是来毁灭绘画的”。因为在卡拉瓦乔绘画时，他描绘妓女、罪犯及普通劳动者，这些人有着粗糙的手和肮脏的脚。而这一切都与普桑最基本的艺术观相悖。普桑认为艺术就是要展现一种理想的美丽、完美的比例及典雅的端庄。而且，卡拉瓦乔一直坚持不打底稿直接在画布上作画的理念也与普桑的观点截然相反——普桑坚持画家作画前一定要精心计划并且仔细地打底稿。在 1789 年，历史学家路易吉·兰齐[2]写道，卡拉瓦乔的人物“唯一能让人称道的就是他们的粗俗”；在维多利亚时代，约翰·拉斯金[3]把卡拉瓦乔归类为“堕落的崇拜者”。

令人吃惊的是，这种不公正的评价一直盛行，直到最近——20 世纪 50 年代——才被推翻。20 世纪 50 年代，在米兰举行的一场大型的画展才让世界明白，一位这么伟大的画家长久以来一直被大家忽视了。当我们意识到下面这一切以后，也就不那么吃惊了。卡拉瓦乔是时代的产物也是时代的异类。他宛如一个来自未来的访客，偶然着陆在这条艺术时间线上。他是一个无视并重新界定了他那个时代艺术常规的

① 尼古拉斯·普桑（Nicolas Poussin，1594—1665），17 世纪法国巴洛克时期重要画家，但属于古典主义画派，是 17 世纪法国古典主义绘画的奠基人。《阿卡迪亚的牧人》为其代表作。

② 路易吉·兰齐（Luigi Lanzi，1732—1810），意大利艺术史学家。

③ 约翰·拉斯金（John Ruskin，1819—1900），英国作家、艺术家、艺术评论家。

画家，是一个大量借鉴先人画家的精髓却又有自己作画原则的画家。他宣称自己只对大自然、对自己周遭的街头巷尾里的生活及残酷的现实感兴趣。卡拉瓦乔是一个超乎寻常的现代画家，他被迫耐心等待着社会发展得和他一样现代。

在我们这个时代，他的作品十分受人欢迎，以至于在观看时很难单独在他的画作前停留很久。在欧美的博物馆以及收藏了他的油画及祭坛画的意大利教堂里，只要跟随着人群，你就会很容易找到卡拉瓦乔的作品。

* * *

在一个普通的冬日清晨，几十个人聚集在罗马的圣王路易教堂的康塔热里礼拜堂里。礼拜堂的一面墙上挂着卡拉瓦乔的《圣马太蒙召》(*The Calling of Saint Matthew*)。对面的墙上是他画的《圣马太殉难》(*The Martyrdom of Saint Matthew*)，描绘了年老的圣徒在祭坛的台阶上被杀害的场景，画中他被半裸的行刑人抓着，即将被一把剑刺入胸膛。在这两幅画之间的是卡拉瓦乔的《圣马太的灵感》(*The Inspiration of Saint Matthew*)。这幅画面上的圣徒与在旁边画作上被清晰描绘的惨死的圣徒是同一个。在这幅画里，他先是跪在一个凳子旁，专心地书写。随后只见他从手稿上转过头去看一个在半空中悬浮着的天使。天使正盘旋在他的肩头，指点或提醒他《福音书》里的内容。

这个时候，一个英国导游在向一大群烦躁不安的游客讲解《圣马太蒙召》。她解释说这个作品取材于《圣经·马可福音》中的一节："耶稣经过的时候，看见亚勒腓的儿子利未，坐在税关上，就对他说，你跟从我来。于是他就起来跟从了耶稣。"[①]导游提醒游客们特别留意画中从右边射入的一道金色的阳光，而这边正站着耶稣及一名门徒（据推测可能是圣彼得）。她建议游客们仔细欣赏当耶稣伸出手指着马太时，光线是如何照在他的手上的。而马太此时探询地指着自己，很明显地，也带着敬畏及惊喜之情。

在画中的左半边，桌子旁坐着三个年轻人。其中两个是衣着优雅的侍从，头上戴着插有羽毛的帽子，他们一副漠然又愚蠢的表情，漫不经心地望着耶稣。第三个男孩正盯着桌子上的硬币并把它们朝自己身边归拢。还有一个戴眼镜穿着皮领外套的老人斜倚在马太的右肩上。

导游又建议大家仔细留意耶稣的手势，它让人想起了西斯廷教堂[②]里米开朗基罗的《创造亚当》（*Creation of Adam*）这幅画中上帝的手势。她还提醒游客说这是卡拉瓦乔得到的第一个主要的公开的宗教画委托。但是到了这时即使是最顺

---

① 见《马可福音》第二章第十四节。

② 西斯廷教堂（Sistine Chapel）位于梵蒂冈，始建于1445年，由教皇西斯都四世发起创建，教堂名即来源于其名"西斯都"（Sixtus）。以米开朗基罗所绘穹顶画《创世记》及壁画《最后的审判》而闻名。

从的游客也早就不听她的讲解了。因为他们完全没有必要去听她所讲的内容，画作本身的神奇力量早已湮没了她的声音。

因为事实上，即使我们对于艺术史、卡拉瓦乔甚至《新约全书》都不甚了解，我们也有可能理解这幅画作。没有那些知识，我们也能够理解卡拉瓦乔在向我们展示：一个人的生命被完全转变的时刻——这个时刻之后一切都不一样了。比如这一刻结束后，利未就变成了马太，他将步入一个新的世界，这个世界完全不同于他即将离开的账房世界[①]。当马太指着自己时——耶稣真的是在指他吗？——他内心凭直觉可能已经感觉到了，他的行为不可避免地带来血淋淋的残酷的殉道。如果他站在我们所站的位置，他可能看到康塔热里礼拜堂的密闭空间正展示着他的未来。

除非你靠近卡拉瓦乔的一幅作品去仔细看他的笔触，否则你会很容易忘记你在看的只是油画和颜料。在康塔热里礼拜堂里想这样做是不可能的，因为你一旦停止朝灯光机器里投币，就会陷入一片黑暗。尽管你的眼睛适应了黑暗也不行。这真的是一种遗憾，因为他的作品最令人吃惊的地方就在于他能够使颜料和油画精确地传达他想表达的东西——看似矛盾的平凡的奇迹，而且，这些奇迹不仅发生在头顶光环、身穿长袍的圣人和圣徒身上，不仅发生在飘浮在天空的被轻柔

---

① 马太原为迦百农的一名税吏，在税关见耶稣后皈依耶稣，被耶稣任命为十二使徒之一，据传为《马太福音》的作者。《马可福音》与《路加福音》都曾提及耶稣收税吏这件事，但税吏名为利未，可能是同一人。

云彩环绕的人物身上，还发生在面目熟悉的人以及和我们一样有困惑、痛苦和恐惧的人身上。卡拉瓦乔通过他的画作让我们意识到我们看到的是有血有肉的人类，从而强调了基督、他的门徒、圣母和抹大拉的人性。

卡拉瓦乔与他同时代和比他稍晚的艺术家——比如普桑——不一样。他从不让我们去想象我们看到的是圣经或神话人物。相反，他提醒我们，我们看到的是模特，他们被戏剧性的灯光照射，并长时间地摆着十分不舒服的姿势，以便画家能画下那个时刻。当普桑说卡拉瓦乔的使命是毁灭绘画时，他话中的真正含义也正是卡拉瓦乔决心阐明的：他是在绘画。

不需要借助任何来自远古和外域文化的解释，卡拉瓦乔就能够直接地向我们表达他的思想。他的表达清晰而强烈，且充满了感情。尽管我们只是凭直觉感受到他所要阐释的东西，但是这并不影响我们对他的理解。无论以什么标准来评判，他的作品都是美的，除了约翰·拉斯金和其他一些批评家，他们认为他的作品粗俗低级而对其大肆批判。然而，我们也是直到最近才学会接受这种非传统美的艺术观点，学会接受粗糙、怪僻及令人震惊的艺术。我们也学会了接纳这种艺术，它忠实于受难以及神学的本质，忠实于一幅画创作的方式，忠实于人的本性，忠实于艺术的本质。

为什么饱受压抑且十分拘谨的维多利亚时代的人们会对这样一个画家惊恐万分呢？这是因为卡拉瓦乔用一种毫不畏

惧的方式表现了性与死亡，这两者完全把我们当成木偶一样操控。或者为什么像拉斯金一样的批评家也会对他心生恐惧？这也是不难理解的，因为这个艺术家表达出了一种观点，即人们只要有机会就会有意无意地折磨彼此。他还表达了生命的悲哀——首先是年轻，雄心勃勃，意图征服世界，然后就是衰老，病弱，受难及死亡。即使，或许尤其是现在我们还都不能适应这种不带任何感情的怜悯。

如果回顾卡拉瓦乔流星般的短暂生涯，仔细按照时间顺序研究他的画作，你会发现他选的模特的年龄在和他一道增长。他总是在画作中插入自己的肖像——他黝黑、粗犷且暴戾的脸及日益长满皱纹的额头，以至于几个世纪以后，我们还可以追踪他脸上被岁月刻下的每一个伤疤和坑洼。他的肖像一会儿出现在一个目睹了圣徒被谋杀的人脸上，一会儿又出现在了被大卫提在手上的巨人歌利亚的头颅上（大卫小心翼翼地伸长胳膊提着巨人的头颅，以使它远离自己美丽的身体）。

世界需要成熟起来，需要从十八世纪的端庄及维多利亚时代的拘谨中成熟起来。这样才能接受卡拉瓦乔画作中的性，它的表现形式既大胆又私密。值得关注的是，在一个我们的敏锐力被罗伯特·梅普尔索普[①]这样的艺术家磨炼得既敏锐又迟钝的时代，卡拉瓦乔的画作大受欢迎。罗伯特热衷于正

① 罗伯特·梅普尔索普（Robert Mapplethorpe，1946—1989），美国摄影家，拍摄了不少有争议的黑白照片。

统的美及静止的美，他短暂的戏剧般的生涯使他和卡拉瓦乔一样成为他那个时代的象征。要想理解并热爱卡拉瓦乔，我们必须学会接受一个前提，那就是天使与恶魔，性、暴力与上帝是可以轻易（却不是平静地）存在于同一个戏剧场景中，同一幅油画中，同一个画家身上的。

这些矛盾部分解释了为什么卡拉瓦乔几乎满足了每一种关于艺术家个性的观点与陈词滥调。因此据我们所知，天才就是一个被拉扯、撕裂且分散到四面八方的灵魂；这灵魂努力去平衡诱惑的欲望及犯罪的冲动，权衡被认可的渴望及被监禁的恐惧，努力去调整怜悯与憎恨、绝望与超越。几位写关于卡拉瓦乔传记的早期的作者在勉为其难地赞美他艺术的同时，又指责他糟糕透顶的行为，并对他出了名的坏个性敬而远之。直到最近，批评家们仍积极地做出努力想要把一个恶魔和一个天使般流芳百世的艺术家区别开来。

直到现在我们才承认，这两者我们都需要。通过卡拉瓦乔的生活，我们了解到了一个集罪人与圣人、街头流氓与殉道者、杀手和天才于一身的传奇。尽管羞于承认，但是在这个令人厌倦又不受宗教管辖的时代里，这种传奇也是我们所渴望及需求的。他的生活似乎是圣经般的，因为它凝缩了圣经的精髓——人的堕落，人的救赎，生命的永恒及持久。这一切都融进了一个个体，一个画家短暂的人生里。每次我们看他的画作，我们都会想到为什么我们仍然如此强烈地关心这位艺术家，因为他一直用他急迫而隐秘的语言在向我们娓娓道来他的灵魂精髓，即使是几个世纪之后仍清晰可辨。而他同时期的那些文明体面的画家却都早已销声匿迹。

*　　*　　*

有人可能会说卡拉瓦乔已经得到了他想要的一切。似乎他的控制欲并不表现在追求财富及个人名誉上，而是一种更纯粹的被认可。他希望自己的作品能被称赞被理解；他希望自己的艺术观能被奉为真理。然而每当他感觉到有追随者的脚步过于接近自己的时候又会勃然大怒。最后他希望世人能够承认他的作品是他那个时代最优秀的。如果他想让我们对他了解更多，他本可以留下更多的证据、文件、蛛丝马迹及线索来证明他的存在。但是他却几乎什么都没有留下来。我们对于他生平的少许了解都来自警察的报告、法庭的证词、审讯记录、警方盘问、期票及委托合同。

我们很少听到他说话（他总是借别人之口），除了1603年他在因诽谤罪受审讯时的证词。他的一生似乎只有两个主题——一个是侮辱，另一个是艺术。前者都被记录并保存在犯罪记录中，记录中一长列挑衅及反挑衅的事件使他不停地陷入麻烦之中。但是我们也听到了他讲述一些对于他意义重大的事物，比如他的美学理论及人生道路选择的正确性。在一些著名的逸闻趣事里，我们也听到了他的声音。他吹嘘说路边偶然经过的第一个吉卜赛女郎要比任何一尊古典的雕塑更适合当一个艺术主题。甚至从一次诽谤罪的审判记录中，我们了解到他利用出庭作证的机会大谈特谈一个好的艺术家应该具备什么样的品质。对于其他东西，他好像都漠不关心。在罗马的最后几年，他感觉到自己首席画师的地位在下滑，众人对他的尊敬及赞扬的眼光也转向了像圭多·雷尼[①]这样的画家，而他们的作品正是他讨厌至极的。那个时候失望及愤怒几乎把他逼到了发疯的边缘。

最后，他留给我们他的画作作为确凿的证据，来证实他所相信及坚持的原则，来证实他是多么地正确。他应该也曾希望他画作中所清晰表达的内容给我们提供重要的证据，并告诉我们所想知道的内容。但是这也意味着如果想要了解别的关于他的事情，那几乎都得依赖于他那些早期的传记作者——乔万尼·贝洛里，朱利奥·曼西尼[②]，卡雷尔·凡·曼德[③]，约阿希姆·冯·桑德拉特[④]和弗朗西斯科·苏西诺[⑤]。其

---

① 圭多·雷尼（Guido Reni，1575—1642），意大利画家，以其神话和宗教题材作品中所表现的古典的理想主义著称。

② 朱利奥·曼西尼（Giulio Mancini，1558—1630），意大利艺术收藏家、作家。

③ 卡雷尔·凡·曼德（Karel van Mander，1548—1606），荷兰画家、诗人、传记作家。

④ 约阿希姆·冯·桑德拉特（Joachim von Sandrart，1606—1688），德国艺术史学家、画家。

⑤ 弗朗西斯科·苏西诺(Francesco Susinno，1660/1670—约1739)，意大利画家。

中最早的一名乔万尼·巴格里昂[①]是与卡拉瓦乔同时期的一位画家。他与卡拉瓦乔是竞争对手且他十分讨厌卡拉瓦乔，而卡拉瓦乔也很厌恶他的作品。此人也是某一次诽谤诉讼案的原告，而被告正是卡拉瓦乔。我们怎么解释卡拉瓦乔这位终生的对手曾用一段极其荒谬可笑的矛盾言论描述卡拉瓦乔遗留的影响？“如果他不是过早离世的话，他可能会对艺术做出巨大贡献，因为他善于从自然中取材，即使在展现好的事物和忽略糟糕的事物方面的判断能力极糟。即使如此，他仍然变得非常知名。他画一个人头的酬金远远高于其他画家画出整个身体的酬金。这一切证明了对于一个艺术家来说，名声与人们的所闻而不是所见有关系。他的画像会被陈列在艺术殿堂里。”

据我们所知（或者自以为知道），有关卡拉瓦乔的一切都需要重新修订及阐释。早期传记作者们所做的有根据的猜测，到了后来在一些作家的作品中就转变成了事实。而这些早期传记作者们所记录并早已被大家接受为事实的事件，在经过多年的研究后并未得到证实。因为它们大都是些没有事实根据的传闻。在他短暂的一生中，有几段时期是没有任何文字记载的，对于一些本应明确的信息，比如出生日期、出生地等，人们也都不是很确定。

他并不像人们曾经认为的是一个贫穷、未受过教育、自

① 乔万尼·巴格里昂（Giovanni Baglione，1566—1643），意大利画家、艺术史学家。

学成才、不知道从哪里冒出来的家伙。人们还曾认为他的出现就是为了推翻并改革当时有礼的、传统却又行将消亡的艺术。事实上，他的家庭还算得上兴旺。他家拥有米兰附近的土地，就在卡拉瓦乔村。在那里，他们属于新兴的中产阶级。

他的父亲，费尔莫·梅里西主要在米兰工作。他是卡拉瓦乔镇的弗朗切斯科·斯福尔扎[①]侯爵的石匠工头、建筑师、建筑设计师及管家。侯爵的妻子康斯坦茨是显赫的科隆纳家族的一员。在1571年的1月，费尔莫娶了他的第二任妻子露西娅·阿娜托莉，她也来自卡拉瓦乔镇。弗朗切斯科·斯福尔扎侯爵亲自参加了他们婚礼。这一切表明费尔莫·梅里西是侯爵家中受人尊敬的一员。同年秋天，费尔莫和露西娅的儿子米开朗基罗出生了，很有可能是生在米兰。

他出生在一个文化历史不寻常的时刻。莎士比亚生活在1564至1616年之间，和卡拉瓦乔几乎是同时期。事实上，在卡拉瓦乔的艺术作品中一直充满了强烈的莎士比亚精神——戏剧性、悲悯性，以及悲剧与喜剧交替或同时出现。然而值得注意的是莎士比亚对于人性有着更概括更宽容的看法。在卡拉瓦乔出生的那一年，比萨的伽利略才只是个7岁的小男孩；克雷莫纳的克劳迪奥·蒙特威尔第[②]也只是个4岁的孩子；

① 斯福尔扎家族是意大利文艺复兴时期以米兰为中心的统治家族。

② 克劳迪奥·蒙特威尔第（Claudio Monteverdi，1567—1643），意大利作曲家，巴洛克乐派早期代表，主要作品有歌剧《奥菲欧》等。

而鲁本斯[①]要在6年后才会出生在威斯特伐利亚。

在那个时期，几乎整整一代的艺术家（无论地位、才能或名声如何）都被一场致命的瘟疫给毁灭了。提香[②]也在1576年的一场席卷了意大利北部的瘟疫中不幸去世。就在这场灾难中，米兰的主教卡洛·博罗梅奥[③]因为留在城里帮助患病者表现出来的勇气而深受人们爱戴，而别的教会及市政的工作人员们却早已就跑到乡下避难去了。有一幅十七世纪的油画就描述了圣卡洛·博罗梅奥在医院照顾病人的情景，而那个医院可能就是迪圣格雷戈里奥的传染病医院（当时的瘟疫医院）。到十九世纪早期，这所医院已能够容纳一万六千名病人。

在整个欧洲，意大利因为它高效率的及相对有效的（与当时的低标准相比）控制瘟疫的方法而知名。这套系统不管对病人还是健康的人都采取了相当严厉的措施。死者一律被埋葬在集中的墓地，他们的衣服及所有物品全部要烧毁。病人家属一律被隔离监禁在屋内。对于违反了隔离法令的法律处罚通常是酷刑及处死。

所以我们可以理解费尔莫当时做出的把他的家人从米兰带回到相对安全的家乡的决定，但后来事实证明所谓的安全

---

① 彼得·保罗·鲁本斯（Peter Paul Rubens，1577—1640），佛兰德斯画家，巴洛克画派早期代表人物。

② 提香（Titian），即提齐亚诺·维伽略（Tiziano Vecellio，1490—1576），意大利文艺复兴后期威尼斯画派的代表画家。

③ 卡洛·博罗梅奥（Carlo Borromeo，1538—1584），文艺复兴时期欧洲神学家，1610年被封为圣徒。

全是假象。就像事情通常那样，当瘟疫被从城里来的避难者带到乡下地区时，疾病变得难以控制。一夜之间，卡拉瓦乔的父亲和祖父就死于瘟疫，他的叔叔也在不久后去世，留下卡拉瓦乔的母亲独自抚养她的四个孩子和一个继女，幸运的是她的父母给予了她支持。

人们认为卡拉瓦乔至少接受了正规的基础教育，在当时的话，可能包括了希腊文及拉丁文的经典之作。所以，即使几十年后，他的作品中仍能透露出宗教教育对他的终生影响。他的弟弟去罗马上了一所有名的耶稣学院，有可能他们兄弟俩是一起去上的学。然而，卡拉瓦乔很显然对于写作没有丝毫兴趣，不像列奥纳多·达·芬奇，作画的同时还写了艺术、医学、战争等各种主题的学术论文。他也没意愿去记录评价自己的一生，如雅各布·蓬托尔莫[①]的日记就详尽地记录了他的胃口与消化的波动情况。也没有任何卡拉瓦乔写的信被保留下来，比如米开朗基罗·博那罗蒂[②]就留下来了很多文字记录，包括诗歌和日常购物单。但是卡拉瓦乔却连一幅简单的练笔画或预备草稿都没有被发现。

---

① 蓬托尔莫（Pontormo，1494—1557），意大利画家，佛罗伦萨画派后期代表。原名雅各布·卡鲁奇（Jacopo Carucci），后以出生地蓬托尔莫闻名于世。作品标新立异，开启了样式主义的倾向。

② 米开朗基罗·迪·洛多维科·博那罗蒂·西蒙尼（Michelangelo di Lodovico Buonarroti Simoni，1475—1564），文艺复兴时期意大利杰出的雕塑家、建筑师、画家和诗人，与列奥纳多·达·芬奇和拉斐尔并称“文艺复兴艺术三杰”。其作品以人物健美著称。

据我们所知，卡拉瓦乔从来没有写过任何和自己有关的东西，当然也就没有和他童年有关的内容了。而他成年后交往的人中也似乎没有一个是他童年就认识的人。事实上，当他已经当了神父的弟弟乔凡·巴蒂斯塔要求去罗马看他这个哥哥时，卡拉瓦乔——当时已经是一位成功的艺术家了——却宣称不认识乔凡·巴蒂斯塔，还说他既无兄弟也没亲戚。被拒绝的乔凡·巴蒂斯塔却"温柔"地回应说他不是因为自己的缘故而是为了他的哥哥和其家庭的缘故，希望上帝有朝一日能给哥哥一个妻子和孩子。确实很温柔！或许这种无私的兄弟般的告别也是把双刃剑，因为当时所有认识卡拉瓦乔的人都清楚地知道他是不可能安定下来好好组织一个家庭的。

在经历了可怕的 1576 年的瘟疫后，卡拉瓦乔从历史记录中消失了一段时间，直到 1584 年的 4 月 6 日起草的一份合同才证实他已经开始在米兰的西蒙·彼得扎诺[①]的画室里当学徒了。西蒙·彼得扎诺曾经是提香的学生，他是一个有能力但是却毫无出奇之处的宗教画家。我们不知道为什么年轻的卡拉瓦乔会选择艺术作为自己的事业，也没有任何证据能证明他很早就在艺术方面展现出过人才华。尽管曾经有一段趣闻讲述了在卡拉瓦乔还是个孩童的时候，他的父亲当时在科隆纳家族当建筑师，据说一群被雇佣的画家忙着画墙上的壁画，而小卡拉瓦乔在帮忙准备所需的胶水时就深深地迷上了绘画。

① 西蒙·彼得扎诺（Simone Peterzano，1540—1596），意大利画家。

还有一个传记作者宣称当卡拉瓦乔小时候在墙上用炭笔乱涂乱画时就已经很引人注意了。不可否认，年轻的卡拉瓦乔有大量的机会去研究米兰甚至他家乡教堂里的伟大画作及雕塑，当地一所教堂里就有贝尔纳迪诺·坎皮[①]画的壁画。

根据米开朗基罗·梅里西和西蒙·彼得扎诺所签订的合同规定来看，十三岁的小学徒须同意和画家一起生活四年，期间必须勤奋不断地工作，维护主人的财物且必须付二十金币[②]的学费。相应的，彼得扎诺同意指导他的学生学一些必要的绘画技巧（据推测有素描、透视画法、解剖学、壁画画法及如何将颜料转成涂料）。这样的话，在卡拉瓦乔结束学徒生涯之时，他就能够作为一个画家而去谋生了。

1588 年，他的学徒生涯结束了。第二年，他的母亲去世了。在随后的一段时期，米开朗基罗频繁地往返于米兰和卡拉瓦乔两地，解决纷争，还清欠款，他很快就花完了他所得到的遗产。

接下来我们知道的事情是，在 1592 年的秋天，他离开米兰去了罗马。也许他敏锐地意识到了对于一个画家来说，在教会和贵族势力集中的地方被雇佣及提升的机会要大得多。或者是像大多数野心勃勃的年轻人一样，他决心去碰碰运气寻找获得声誉与财富的途径。也许是因为他厌倦了米兰，因

---

① 贝尔纳迪诺·坎皮（Bernardino Campi，1522—1591），意大利画家，一生主要从事教堂湿壁画绘制工作。

② Scudi，16—19 世纪意大利通行的货币。

为这个城市的痛苦经历、阴暗痛苦的历史、瘟疫及饥荒。几个传记作家竟认为他在米兰杀了人，所以才不得不慌忙逃离。也有可能他已经第一次开始了他一生中反复循环的那个怪圈——暴力、逃跑、不断流亡，最后是悲惨的结局。

曼西尼说过卡拉瓦乔的火爆脾气总是导致他做出一些让人不能容忍的举动。贝洛里的报告说由于卡拉瓦乔狂暴及好争论的天性，也由于某些纠纷事件，促使他离开了米兰前往威尼斯。但是另外一份文稿上却备注说他是因为杀死了一个同伴才逃离了这个城市。然而还有一份文稿上又有另一种的记录，在这份文稿上用难以辨认的字迹写着此事涉及了妓女、砍伤、匕首、警察密探及监禁刑期等等内容。

肯定发生了什么事，他才离开米兰，去了罗马。

*　　*　　*

在梵蒂冈的西斯廷画廊里有一幅壁画，描绘的就是卡拉瓦乔初次到罗马时人民广场（圣母教堂广场）[①]的样子。画面描绘的是一个繁华的乡镇广场里的农民市场休息的一天。各种动物——拉着超重的马车的驴子、马、一群羊——加起来的数目几乎比人都多。在画面的右下角，一个人正把一大堆

---

① 人民广场（Piazza del Popolo）位于罗马，是三条放射形干道的汇合点，干道之间建有两座对称的极为相似的教堂。人民圣母教堂（Santa Maria del Popolo）是著名的圣奥古斯丁会教堂，建于1099年，位于人民广场的北边。

刚洗好的衣服摊开在长满小草的岸堤上晾晒，背景是人民圣母教堂。卡拉瓦乔从北方而来，穿过人民广场，然后从主门进入了城里。不到十年后，他画出了目前正装饰在切拉西礼拜堂[①]里的杰作。罗马大竞技场的方尖塔把壁画一分为二，这是应教皇西斯都五世要求在广场建造的。方尖塔现在已经成了广场周围现代生活中心的标志性建筑了。你可以用它来帮你定位，来试着想象壁画中描画的那个乡下公共广场——如今，同一个广场上挤满了忙着躲开嘈杂机车的行人，周围全是风格各异、偶尔还有电影明星露面的咖啡馆。

自相矛盾的是，这幅梵蒂冈壁画上的宁静场景却暗示着新的生机，寓意着恢复与再生。在 1527 年，神圣罗马帝国的皇帝查理五世[②]的军队把罗马城洗劫一空，整座城市几乎被毁了。教堂和宫殿被烧为灰烬。市民们在严刑拷打下被迫交出了最后的财物。据说罗马城里没有一块窗户是没被打破的。大概有四万五千名罗马人逃离了被毁的城市，其中包括许多艺术家和文化名流。罗马迅速地衰败成了一片废墟。

直到十六世纪的最后几十年，罗马城才开始重建，主要是在理想主义者教皇西斯都五世的指导下进行的。他提出了

---

① 切拉西礼拜堂（Cerasi Chapel）是人民圣母教堂内的五个礼拜堂之一。

② 查理五世（Charles V, 1500—1558），1519 年至 1556 年在位。神圣罗马帝国，全称为德意志民族神圣罗马帝国或日耳曼民族神圣罗马帝国（Holy Roman Empire of the German Nation），是 962 年至 1806 年在西欧和中欧的一个封建帝国。版图以德意志地区为核心，包括一些周边地区。

一个宏伟的城市新建计划：修建纪念碑，重新设计居民区，把连接主要大教堂之间的混乱小路改造成宽阔的大道。但是直到十六世纪末期，罗马的状况与西斯都想象中的都市天堂还相差很远。

大量农民从乡下移民到了罗马，并不是因为首府的吸引力，而是希望能够逃离恶劣的天气、农作物歉收以及饥荒这种恶性循环。可是除了在西斯都帮助下建立的羊毛丝绸厂之外，这种移民对于没有任何其他工业的罗马来说却是不胜重负。由于新的教堂及宫殿需要重新规划和建造，于是建筑业繁荣，给这些移民提供了主要的工作机会。但是这些远远不够，还有很多人在街上乞讨。由于十六世纪九十年代的瘟疫与饥荒，人们愈加绝望，而且越来越多贫困的朝圣者开始聚集在城中的圣殿里。

许多神父及非神职人员的团体成立了，他们是为了帮助那些乞丐和朝圣者，帮助掩埋死在街头的贫民。比如圣菲利普·内里这样的楷模人物便致力于让普通老百姓们能够理解教会精神。他们宣扬的理想后来指引着卡拉瓦乔构思、创作他的巨幅宗教画。与此同时，富人们——贵族、银行家、金融家和教会官员们——却积极地创建了一种炫耀展示的新标准，培养出了一种奢华粉饰太平的品味。他们炫耀着珠宝首饰、服饰、马车、女儿的嫁妆甚至住宅的装饰。克莱孟八世[①]在卡

① 教皇克莱孟八世（1536—1605），原名 Ippolito Aldobrandini，1592 年 1 月 30 日至 1605 年 3 月 3 日在位。

拉瓦乔到达永恒的城市——罗马的同一年早些时候被选为了教皇。在他的统治期间，罗马的红衣主教们都成了艺术收藏家和赞助者。

这就是卡拉瓦乔从米兰来到罗马所进入的世界。尽管他自身很贫穷，却拥有一种实用且能取悦富人们的技能。由于贫民与富人之间的巨大悬殊，他仔细观察对比这种鲜明的差异，并在自己的作品中完美地体现了出来。在他不断表现出来的才能中，他的作品一直保持创新并且不朽，这正是他敏锐观察力的体现。在他看来，一个人的年龄、性别、社会地位以及职业不仅表现在神态举止及服饰上，还表现在他或她的肌腱、指关节、肘部、手腕、皱纹的深度和眼睑的下垂上。

每个社会阶层都至少在他的作品中出现过一个代表形象，但是在他后期最伟大的罗马画作中，穷人们占据了中心地位。他和穷人们在一起居住所以很了解他们。在他为圣奥思定堂[①]绘制《洛雷托的圣母》(*Madonna of Loreto*)时，画面中高贵典雅的圣母抱着圣子出现在一户普通的房子门口（这让人联想到了罗马城里到处可见的房子门口)，她面前跪着几个粗糙肮脏的、光脚的贫民。画面的细节描绘让你感觉到卡拉瓦乔对这类贫民是多么地了解。

---

① 圣奥思定堂（Church of Sant'Agostino）是意大利中部托斯卡纳大区锡耶纳的一座罗马天主教教堂，始建于1258年。

在选择模特的时候，从下层妓女到老实的劳动者和虔诚忠实的穷人都是他的作画对象。几乎在他一开始从事绘画事业时，他就热衷于画打牌作弊者、小偷、作案中的罪犯、年轻的男孩音乐家，以及穿上了长袍摆出圣徒姿势的罗马邻居。如果说他的艺术依赖于观察自然或关注他身边的有形世界，那么他肯定有很多机会看到他身边的小酒馆及街头的非法事件，会看到一些引人注目的面孔及人物。他们只需要换一套衣服就能从街头妓女变身为抹大拉、变成在去埃及路上小憩的圣母。

根据1600年的人口调查，罗马的人口接近110,000人。这是一个男人的城市，这个事实有助于我们了解卡拉瓦乔的社交及性生活。男性数目多于女性。据说女性只有49,596人，其中604人是职业妓女。据十年前的报道（现在看来是不可信的），罗马的妓女的总数为13,000人。在乡下地区，盗匪人数越来越多；在城里，犯罪现象猖獗。最后教皇西斯都五世下令将所有被捕的匪徒砍头，首级示众于靠近圣天使堡监狱的台伯河的桥上。当众斩首成为一种免费的大众娱乐方式。

一帮帮的匪徒在街头流窜，惹是生非，决斗（这是教皇明令禁止的非法行为），为了一点个人面子而斗殴，频繁地去妓院、争抢当红妓女。意大利的暴力及盗匪的名声远远传到了他们的城市及危险的乡间道路之外。正如今天说英语的国家的人根本不能理解柯里昂和索普拉诺这两个黑手党家族[①]的行为一样，十六、十七世纪（与卡拉瓦乔几乎同时代）的英国剧作家大力渲染意大利的街头生活，并夸大意大利引人注目的、不正常的、乱伦的贵族家庭的悲惨历史，仅仅是为了他们残暴的戏剧剧情的需要。在图尔纳、韦伯斯特和福特创作的很多复仇类的悲剧中，结束时舞台上总是布满了尸体——被毒死的、刺死的、火并而死的、绞死的……这些故事总是以意大利为背景，偶尔也会是西班牙。无论是发生在哪里，剧中总是确保会有一个脾气暴躁的南方人和一个不能控制自己冲动的拉丁人来满足观众们对激烈打斗、精彩剧情（毒药有可能藏在《圣经》或一束花里）和冷血谋杀之类的品味需求。事实上，在《罗密欧与朱丽叶》里导致戏剧性结局的暴力事件——街头争斗导致朱丽叶的表兄死亡以及罗密欧被从维罗纳驱逐出去——就非常类似于迫使卡拉瓦乔离开罗马的致命争斗事件。

由于好斗、轻蔑、好胜，米开朗基罗·梅里西很快就卷入了侮辱、斗殴、报复及仇杀的旋涡。而在卡拉瓦乔等很多艺术家生活的那个名声不佳的战神广场，这一切被视为夜生活。然而他总是能置身在法律纠纷之外，直到那个世纪末。

① 均为虚构。柯里昂家族（Corleone family）是一个定居于纽约市的西西里黑手党家族，出自马里奥·普佐（Mario Puzo，1920—1999）1969 年的小说《教父》（*The Godfather*）。索普拉诺家族（Soprano family）是一个美国新泽西州北部的黑手党家族，出自 1999 年在北美 HBO 首播的电视剧《黑道家族》（*The Sopranos*）。

与此同时，他开始了他的事业。卡拉瓦乔有一个最出众的优点，就是无论他的私生活如何地混乱无序，几乎没有任何事情能够影响他作画。而他很多别的同行却以拖延耽搁而著称。尽管委托已经逾期好几个月了，他们却仍在小酒馆里狂饮。卡拉瓦乔却总是能准时完成他的委托工作。

初到罗马时，他一直处于衣食无着的状态，抵御着争斗与灯红酒绿的诱惑。他确实做到了在与西蒙·彼得扎诺的学徒合同里许诺要做到的：他找到了当画家的工作。

* * *

尽管贫穷、疾病与犯罪是很多罗马市民的日常生活，但这对于一个想在首府出名的野心勃勃的年轻天才艺术家来说却是件好事。单从经济角度来说，许多在建的新宫殿、教堂意味着要雇用人手来装饰它们。而且，人们普遍认为（当然已经成名的画家不这么认为）旧的艺术形式已经令人生厌，固定的模式及传统的矫揉造作的形式需要注入创意与激情。一些知名的收藏家甚至公开抱怨说社会太缺少有才能的画家了。

教皇克莱孟八世的即位给罗马带来了一些稳定治理的措施。前任的那三位短命的教皇，在他们短暂的任期内没有有效控制暴徒及犯罪行为的突然复苏。由于有两个充当顾问的侄子彼得罗和庆吉奥·阿尔多布兰迪尼的协助，以苦修主义和做礼拜时泪腺发达而著称的克莱孟八世便更加热衷于哲学、科学和文学。在庆吉奥·阿尔多布兰迪尼的盛情邀请下，著名诗人托尔夸托·塔索[1]受邀来到了罗马。在这里他写下了史诗之作《被解放的耶路撒冷》。

卡拉瓦乔跻身于罗马社交文化的上流阶层，其中的过程可不是一帆风顺的。他身无分文，依赖于陌生人的好客款待，所以经常在小旅馆、他父亲以前的雇主家或他当教会官员的叔叔的熟人家的空房之间搬来搬去。他每次离开时，并没有人对他友好道别或热情地表示欢迎他再回来。有一段时期，他住在科隆纳宫[2]，和前任教皇西斯都五世的姐姐的管家潘多尔夫·普奇阁下在一起住。但是普奇却强迫这位年轻傲气的艺术家做一些他认为可耻的事情——仿造宗教画。除此之外，普奇准备的粗茶淡饭差点把卡拉瓦乔给饿死。所以后来卡拉瓦乔把普奇称作“沙拉阁下”。

因不满于和沙拉阁下的生活，卡拉瓦乔只好暂时以在大街上画画、卖画勉强为生了。关于他这一段居无定所、混乱矛盾的生活的传记描述同样混乱而矛盾。据说他曾在一个西西里人专门创作廉价艺术品的画室里工作过。可能正是在那里他遇见了马里奥·明尼蒂，一个来自西西里的年轻艺术家。

---

① 托尔夸托·塔索（Torquato Tasso，1544—1595），意大利诗人，作品有《里纳尔多》、《阿敏塔》、《被解放的耶路撒冷》等。

② 科隆纳宫（Palazzo Colonna）是罗马最宏伟最古老的私人大宅之一，始建于14世纪，科隆纳家族一直定居于此。

两人在一起居住了好几年，卡拉瓦乔早期油画中很多长相甜美、黑眼睛的男孩形象都是以明尼蒂为模特创作出来的。后来，明尼蒂回到西西里去结婚生子了。在1608年，卡拉瓦乔从罗马、那不勒斯、米兰一路逃亡到锡拉库萨与明尼蒂再次相见，明尼蒂还成了这个老朋友的保护者、东道主、向导和经纪人。

在巴格里昂写的卡拉瓦乔传中，记录了卡拉瓦乔是因为犯下谋杀罪而被迫离开米兰的。就在这份文稿中，贝洛里在旁边备注说：年轻的艺术家在洛伦佐·西斯里阿诺的画室里找到了一份每天画三个肖像的工作，随后又转而为一个更令人尊敬的有成就的肖像画家安蒂维杜托·格兰玛提卡工作。但是他的第一份有文件记录的可信的工作是在朱塞佩·切萨里（卡瓦利尔·德·阿尔皮诺）手中得到的，在那个著名的工作室里他整整工作了八个月。

切萨里是至少两个教皇和好几个有权势的红衣主教最喜爱的画师。他的性格和卡拉瓦乔一样易怒且难以相处，不过又要比卡拉瓦乔好应付且更渴望取悦他人。这些性格特点体现在他艺术作品的中规中矩之美上。在画完了梵蒂冈的壁画之后，他声名大噪，很多有权势的人都委托他来作画，其中包括圣巴西德教堂、圣王路易教堂和拉特朗区的圣乔万尼教堂的壁画。在绘画中，他表现出了对透视远景和透视收缩法的控制处理能力，使观者在欣赏画作时能感觉到自己和画中的信徒、圣徒一起飞升上天。

如果说卡拉瓦乔的画是杰出闪耀的，几乎是写实般地呈现出奇迹的过程，那么切萨里的壁画更多地让人想起主日学校课本里的插图。确实，在卡拉瓦乔的时代，切萨里和其他一些画家的作品能让人想起一些大家很容易遗忘或忽视的东西，这也正是卡拉瓦乔所想改革、改变及排斥的东西：湛蓝的天空，如枕头一般柔软的云朵，一群长着小翅膀的小天使和美丽的天使唱诗班一同飞升。对于卡拉瓦乔来说，圣徒和殉道者的生活以及他们受难救赎的场景都被展现在真实的人类之中，在地上，在此时此地，在几乎一团漆黑的背景中。

除了宗教壁画以外，切萨里也画了一些风格时髦的油画。他用一种外表色情的表现手法处理了一些神话题材，例如珀尔修斯把安德洛墨达从食肉怪兽的嘴里救出来时，安德洛墨达赤身裸体，造型性感。这些小型的作品以相当高的价格卖给了赞助者和收藏者。有可能卡拉瓦乔帮着切萨里画过教堂里的宗教壁画。但是贝洛里却告诉我们卡拉瓦乔的职责十分有限。切萨里只让他画一些装饰性的花和水果。这样的工作通常被认为低于人物绘画。这一段不愉快的学徒生涯，却使得卡拉瓦乔变成了一个充分地掌握了静物画技巧的画家，尽管他对不能画人物愤愤不平。

后来，卡拉瓦乔在画和他性格类似的喜怒无常的人物画时，经常用精湛的表现手法把水果和花当作装饰性的元素。他的两幅早期的作品——被称为《生病的巴克斯》(*Sick Bacchus*)和《抱水果篮的男孩》(*Boy with a Basket of Fruit*),可能就是卡拉瓦乔在切萨里的画室工作期间创作的。这两幅作品大大丰富了切萨里的收藏,直到1607年教皇保罗五世得到了它们,随后又把它们给了极度渴求此画的红衣主教西皮欧内·波各赛[①]。也许是贫穷的卡拉瓦乔把它们卖给了他的雇主切萨里,也有可能是切萨里趁卡拉瓦乔由于长期在忧苦之慰圣母堂[②]住院抑郁离开画室而占为己有的。

这场长时间且原因不明的疾病据说是由于被马踢伤而造成的,尽管在当时,这所谓的马的灾难可能就等同于撞上了门。有关卡拉瓦乔、朱塞佩·切萨里和朱塞佩·切萨里的哥哥贝纳迪诺·切萨里(一名画家兼知名的恶棍)之间发生了暴力冲突的谣言不胫而走。还有线索表明因为一些不能明说的原因,两兄弟在卡拉瓦乔长期住院期间并未去探望过。

可能是巧合,卡拉瓦乔在重病期间创作了如谜一般的自画像作品《生病的巴克斯》。在画中,一名身着传统宽长袍的年轻男子,深色的鬈发上戴了一顶藤蔓的花冠,手里拿着一串葡萄,正转身从他诱人的裸露着的肌肉发达的肩膀上方朝我们看来。他的身体姿势和心照不宣的冷嘲的笑容都暗示着

① 西皮欧内·波各赛(Scipione Borghese,1577—1633),出身于波各赛家族,曾任意大利红衣主教,也是一名艺术收藏家和艺术家赞助者。

② 忧苦之慰圣母堂(Santa Maria della Consolazione)是一座罗马天主教教堂,位于罗马坎皮特利区帕拉蒂尼山脚下。

挑逗及性的邀请，除了一个小问题：巴克斯看起来病恹恹的，眼睛空洞无神，心情烦躁，脸色泛绿。他表现出了性与死亡结合，诱惑与排斥并存的感觉。他的表情深不可测。他是在邀请观者去亲吻他吗？或是在恳求人们带他去看医生？在有关这幅作品的象征性、肖像研究及内涵意义的复杂的艺术历史争论中，几乎每一个批评家都能轻而易举地指出一个明显的事实：这幅画是多么地怪异啊！似乎卡拉瓦乔早在三百多年前就已经发现了超现实主义，发现他自己不能抵制冲动去创作一些出人意料的奇怪的作品，尽管他身处罗马最传统的画家的画室里。

《抱水果篮的男孩》是《生病的巴克斯》的邪恶的姊妹作品，它描画了另一个裸露肩膀，黑鬈发，拿着葡萄的年轻男子。他手里抱着的篮子里装满了有点熟过了的不完美的水果。即使在早期创作中，卡拉瓦乔就坚持他准确写实的绘画原则，不追求完美主义，画出有缺陷的不完美的自然。巴克斯和抱水果篮的男孩是两个完全不同的人物，因为抱水果篮的男孩就像他篮子里成熟的桃子一样，面色红润，长相甜美，充满健康活力。

透过男孩粉红的半张着的嘴唇，我们可以瞥见他的舌尖。他的头微微后倾，眼睛半睁，好像刚刚结束或准备要去做爱。他光滑可爱的脖颈从深深的锁骨处探出。他全身的每个细胞都传达着诱惑与魅力，他似乎想让观者渴望把它们之间最后的一道障碍——他手中的水果篮——拿走，放下然后去拥抱他。

画中的男孩、油画本身及画家的意图基本一致：完全就是引诱我们，让我们觉得没有这个男孩或者这幅画就不能生活。卡拉瓦乔野心勃勃，内心极不安分，可能已经厌倦了在切萨里手下工作，渴望能够自立门户，却也深知生活的艰辛。毕竟此时的卡拉瓦乔已是一个谨慎而精明（但是有时会带来不幸的结局）并且有一定社会阅历的年轻人了。他意识到诱惑可能是种生存之道。几乎所有他早期的作品看起来都精心设计，意图吸引哄骗观者、收藏者、赞助者和购买者。他画的音乐家、歌手、丰满的希腊诸神用魅惑的眼神注视着我们，使我们的视线不能离开。而他笔下的老千和占卜者在进行欺诈时，故作忸怩地假装不看我们，心里却深知我们在关注。

但是最不寻常的是他绘画风格的巨大转变。他早期创作的大型宗教画作就显露出这种转变。《圣马太蒙召》和《圣马太殉难》两幅画中的扮演者们背对观者，全神贯注于他们所扮演的奇迹。在他后来的作品中，诱惑的眼神被痛苦地扭曲的面部所替代；裸露的肩膀被行刑者肌肉发达的臀部和朝圣者的脏脚所替代。然而矛盾的是，后期绘画中的人物似乎对我们及我们的反应毫无兴趣，但他们对我们的吸引力却远远强过早期作品。事实上，一切仍然都是被精心设计，要在观者面前发挥其巨大魅力，要让我们感觉到奇迹就在眼前发生，而且就发生在我们这些平常人身上，我们可以触到，可以感觉到，可以嗅到。

卡拉瓦乔后期有一幅油画描绘了一个几乎全裸的男孩全身像，据说是为了展现年轻的施洗者圣约翰。男孩身旁站着一只又老又肥长着粗角的公羊，它正向我们展示着自己的后腿。据说为了取悦并感谢让他获得重返罗马的赦免而奔忙的赞助者们，他专门创作了一些画作为礼物，这幅画是其中之一。据推测这幅画也就是那艘离他而去，任他死在埃尔科莱港口的船上所载画作中的一幅。

在男孩梦幻般、有些忧郁的美丽中，你可以感觉到卡拉瓦乔魅惑欺骗的老伎俩。但是不知道为什么，最后的结果却完全没有诱惑力。男孩看起来苍白虚弱、筋疲力尽。他黝黑的眼珠和孩子气般倾斜的肩膀让我们感觉到有些焦虑和压抑。他似乎已经看到并经历了创作者所忍耐的一切。卡拉瓦乔可能仍想去诱惑、取悦，但是他的心在经历了这么多的逃亡及麻烦之后精疲力竭，已不在此了。

*　　*　　*

最后，卡拉瓦乔终于从被马踢伤的病中康复并离开了忧苦之慰圣母堂。无论他经历了些什么，似乎都加强了他离开切萨里画室的决心。

此时，贝洛里告诉我们：“他开始按照自己的天赋来画画了……只有自然才能成为他画笔下的主角。”当有人向他建议说一个人物画家应该在古典雕塑中所呈现的完美且令人愉悦的比例中寻求灵感，他却回复说他宁愿随便找一个街上的吉卜赛女郎当他的模特。通过卡拉瓦乔的作品——在罪人与圣徒的姿态中，在圣母玛利亚的身姿中，在美杜莎[1]狰狞的表情中，在酒神巴克斯的倦怠中——你可以看到他对希腊罗马艺术的熟悉以及这些知识对他的影响程度。然而我们从来没有感觉到他是给一个想象中的完美的罗马人物形象穿上十六世纪的外衣，或是模仿古希腊画家的绘画方法（据说他们在画特洛伊的海伦时，是把五个不同女子身上最美的地方拼凑在一起创作出来的）。而卡拉瓦乔试图说服我们他是在雇来当模特的妓女身上找到了古典的优雅，或是借用了古代希腊人用来表现人物表情与生机的方法，来描绘他花钱雇来扮作奇迹或殉难的目击者脸上的敬畏及恐惧。

很显然，卡拉瓦乔不是自己发明了从自然中直接观察的观点。列奥纳多·达·芬奇的写生簿里画满了年老的、丑陋的男男女女，那是他花了几个小时时间在街上追踪观察的结果。但是这种训练方式在卡拉瓦乔的时代已经不流行了，人们更热衷于模仿米开朗基罗和拉斐尔，而不去重新思考现实与艺术表现之间的关系。

---

① 美杜莎(Medusa)，也译作梅杜莎或墨杜萨，古希腊神话中三位蛇发女怪之一。

为了进一步强调他偏爱画街上的大众而不是古典的雕塑这一观点，卡拉瓦乔应该是聘请了路过的第一个吉卜赛女郎并把她带回自己的住处。在那里，他把她画作一个正在给一个长着娃娃脸的年轻人算命的占卜者，同时在悄悄地偷取粗心的顾客的戒指。尽管他激烈地坚持直接从自然取材而不经过任何加工装饰的重要性（“当他在城里遇见了一个让他满意的人时，他绝不尝试对自然加以改造。”贝洛里写道），他却仍然对自然中的取材做了改动。

无论如何，他碰巧遇见的第一个吉普赛女郎也不可能就这么漂亮，并且穿着如此华丽——她穿着洁白无瑕的绣着黑色十字绣的上衣和头巾——在他的画中扮作狡猾的、面色红润的、可爱的占卜者。而且似乎是为了故事叙述的便利，她和她的顾客年龄相仿且一样有吸引力，他们甚至长相类似。即使如此，你也可以观察到卡拉瓦乔画出了很多令人信服的细节，例如这位衣着华丽的年轻人脱下一只皮手套以便于占卜者看他的手相。你可以想象艺术家在观看并要求他的模特应该怎么做，双手握着他的手，一根手指触摸着手纹，同时用一种触觉的手法轻轻地挑逗性地戳他的指肚，让这个男孩心神不宁，呆立不动。

在《老千》(*The Cardsharps*)这幅画中表现出的欺诈场面更粗糙、喧闹，少了一些情色成分，但它也表现了下层社会的风月场。这幅画大概和《占卜者》(*The Gypsy*

Fortune-teller) 是同一时期的。画中再次表现了一个衣着华丽、家庭富裕、天真无辜的受骗者。他正对着手中的牌冥思苦想，好像他正在打一局正常简单的牌。但是观者只要仔细看画几秒钟就能明白这写实一般的状况：也就是年轻男孩的两个伙伴都是骗子，正在合伙欺骗他。从男孩肩膀上方窥探的是一个年纪较长，留着胡须，衣着破烂的家伙，他正用他的右手（手上戴着露出手指的手套，似乎预示着不祥）向他年轻的搭档打手势暗语。桌子对面是个年轻的骗子，他背对着我们，四分之三角度侧身，刚好可以让我们看到他藏在身后，塞在紧身条纹上衣里的牌。

像《占卜者》一样，这幅作品表达的似乎是从自然角度观察到的正在进行中的骗局，然后为了提高戏剧吸引力而进行了重新设计安排。确实，卡拉瓦乔有很多机会可以看到人们赌博，因为赌博在当时是一种流行的消遣娱乐方式，社会各阶层的人们都沉迷于此。这两幅作品，尤其是《占卜者》含有视觉参照物，卡拉瓦乔同时代的人会认为它在暗示作品取材于剧场或即兴喜剧中熟悉的场景。

与此同时，艺术家的道德同情心根本无法预测或明了。除了明显是负面形象的老千以外，受害者和迫害者都引起了我们同等的同情和谴责。在卡拉瓦乔之前，在德国和荷兰的艺术作品中也出现过少数这种形象，它们都是带着讽刺及教育指导意义的，给人以道德教育。但是大部分的观者都很难说出卡拉瓦乔到底希望我们从所看到的画中学到什么。

后来，在他的天分被人认可之后，吸引了很多的门徒和模仿者。据说每当卡拉瓦乔发现有人（比如圭多·雷尼）在模仿他的风格时，就会勃然大怒。历史证明他是多么地正确啊！因为这些没有什么天赋的画家，他们更多是在模仿“卡拉瓦乔”的风格，只会画出欺骗无知受害者的小欺诈场景，这部分程度上玷污了我们欣赏卡拉瓦乔令人吃惊的原创力的乐趣。

在《老千》和《占卜者》中，你都能看到艺术家发现新事物时的快乐——这种全然的趣味体现在画家一丝不苟描绘出的衣料、纹理以及装饰帽子的羽毛上。你可以想象出他对自己之前戏剧性地编排一个事件，或者把一群演员安排在舞台背景（我们今天称之为电影场景）中的工作该是多么地满意啊。你还会看到一个艺术家意识到他的所作所为是成功的，颜料也正是他想要的，他的目的意图也在油画中得以展现。

事情就是这样。无论在艺术上还是事业上，画作都大大推进了创作者的目标。卡拉瓦乔找到了一位交易商，据巴格里昂推测可能是艺术大师瓦伦蒂诺。《占卜者》和《老千》都吸引了红衣主教德尔蒙特的注意，他是一位慷慨大方的收藏家，也是罗马艺术界举足轻重的人物。他——碰巧，或许不是碰巧——是一个即兴喜剧迷，而且有一个出了名的缺点，就是喜欢赌博。

* * *

弗朗西斯科·玛利亚·德尔蒙特[①]出生在威尼斯，成长在乌尔比诺复杂的宫廷。他大概在卡拉瓦乔出生的那一年来到了罗马。在罗马他成为斐迪南·德·美第奇[②]的知己。当斐迪南被召回佛罗伦萨当托斯卡纳大公时，他帮助德尔蒙特（当时是斐迪南在罗马的文化政治代表）在教会的统治层里晋升了等级。被任命为红衣主教后，德尔蒙特搬入了夫人宫[③]。他生活俭朴，把全部精力都放在对广泛的知识与艺术的追求上。他因对音乐及乐器的爱好而知名，痴迷于科学、炼金术、文学以及哲学，热衷于喜剧、聚会，喜爱并专注于艺术品的收藏。到 1626 年他去世的时候，他的收藏品达六百多件，其中包括八件卡拉瓦乔的油画。他还因为个人魅力、外交能力、正直及幽默感而闻名。其中他最广为人知的是作为一个富有且颇具影响力的罗马教会官员对享受世俗娱乐的热情。

1595 年，已经购买了《占卜者》和《老千》的红衣主教

① 弗朗西斯科·玛利亚·德尔蒙特（Francesco Maria del Monte，1549—1626），曾任意大利红衣主教，艺术鉴赏家。

② 斐迪南一世·德·美第奇（Ferdinando de'Medici，1549—1609），美第奇家族的第三代托斯卡纳大公，1587 年至 1609 年在位。美第奇家族是意大利佛罗伦萨的名门望族，13 世纪至 17 世纪在欧洲拥有强大势力。

③ 夫人宫（Palazzo Madama）是罗马的一座宫殿，目前是意大利参议院所在地，得名于神圣罗马帝国皇帝查理五世的私生女奥地利的玛格丽塔夫人。

德尔蒙特邀请卡拉瓦乔到夫人宫居住，成为宫里无数艺术家、雕刻家、歌手及音乐家中的一员。贝洛里评论说这无疑增强了米开朗基罗·梅里西的信心和声誉。在经历了最初几年居无定所的生活之后，拥有稳定舒适的居住环境、可靠的支持对他来说是巨大的慰藉。于是，很快他就创作出了一些和《抱水果篮的男孩》一样充满魅力及诱惑力的油画，而且专门迎合了慷慨的新赞助者的鉴赏力、品味及兴趣爱好。

《音乐家们》（*The Musicians*）也被称为《音乐会上的青年》（*A Concert of Youths*），似乎是卡拉瓦乔特意为红衣主教德尔蒙特创作的第一幅画。据巴格里昂说，这幅画取材自然，十分出色。作品描绘了四个男孩，一个比一个漂亮迷人，聚在一起估计是为音乐会做准备。在画面的正中间是一个穿着几乎透明的宽松白色上衣的帅气年轻人，胸前斜披着长长的厚重的红缎，正在给鲁特琴调音。他还没有开始表演，但是他的眼中已经热泪盈眶了。在他的左肩上方，一个长相类似抱水果篮的男孩的黑头发年轻人（他们估计都是以马里奥·明尼蒂为模特创作的。马里奥·明尼蒂是卡拉瓦乔在西西里的朋友，当时可能和他一起居住在夫人宫）手拿木笛——一种早期的吹奏乐器，眼睛专注而期盼地望着我们。另外两个男孩似乎没有意识到我们的存在。左边是一个长着翅膀的比他的同伴都年轻的丘比特，正专心致志地从一串葡萄上摘下青葡萄。右边是另外一个男孩，白色长袍随意披在身上打了个结绑在一起，半裸着的美丽后背和柔嫩的脖颈对着我们，正专心地研究乐谱。在他的身旁凳子上放着小提琴和琴弓。

这些男孩确实都穿着衣服，但是他们身上丝滑的白色外衣的描绘方式似乎在暗示着他们的漫不经心和衣冠不整，而且他们裸露出的肉体过多，以至于好像他们是裸体的。或许我们有这种印象是由于他们聚在一起，画中充满一种完美的亲密、舒适、闲逸尤其是色情的懒散气氛。就如抱水果篮的男孩一样，他们的粉红色嘴唇也微微半张，双眼迷离。我们也许见过为音乐会做准备、调琴的音乐家，但我们从来没见过像他们一样梦幻、赏心悦目且充满诱惑的音乐家。

随后不久，卡拉瓦乔又特意为德尔蒙特创作了另外一幅音乐主题的油画《鲁特琴手》(*The Luter Player*)。画中有一个漂亮的、鬈发的、黑眼睛的甚至更女性化的年轻人，也穿着一件顺滑的白色衬衫，一边弹奏鲁特琴一边诱惑地凝视着我们。鲁特琴是一种能刺激人情欲的乐器，很多爱情歌曲是专门为了它的特殊音域而谱写的。确实，画中音乐家的性别模糊不清，以至于贝洛里把此画描述为一个穿着上衣弹奏鲁特琴的女子。据说画中的模特是德尔蒙特宫里被阉割的男歌手[①]佩德罗·德·蒙托亚。

此画不同于《音乐家们》，我们可以看见男孩正在唱的乐

① 在16—18世纪的意大利，阉割男童以保持其女性化的童音。

谱，是十六世纪弗莱芒乐派的作曲家雅各布·阿卡代尔特[①]写的一首情歌，其中有句歌词是这样的："你知道我爱你。"画的左边是一瓶花和一些成熟的和熟过了的水果和蔬菜，有几个无花果和一根黄瓜，当时的观者一看就明白是性玩笑。

看到卡拉瓦乔为了满足新雇主的品味而专门为红衣主教创作的音乐题材的油画，很容易让我们想起弗莱芒作家德克·范·艾梅登对德尔蒙特不友好的评价。他这样写道：青年时期的德尔蒙特特别喜欢名声不好的女人，但是随着年龄增长，他的性注意力又完全转到了年轻男孩身上。在被选为乌尔班的教皇之前，他一直小心谨慎，随后就肆无忌惮地追求他的性倾向了。即使在他年老体弱几近失明的时候依然嬉戏如常，甚至在他临终前的遗嘱里还指名一男孩为他的受益人。

但是这有什么好吃惊的呢？正如我们所知道的，罗马是一个男性数目远远大于女性的城市，所以男子都倾向于晚婚。在我们这个时代却披露了一个令人痛苦不安的事实：即使是最虔诚的神父和教会官员们都不能免疫于内心蠢蠢欲动的性渴望。

近年来的学术研究揭露文艺复兴时期的佛罗伦萨同性恋现象非常普遍。一个特殊的警察部门——夜间办公室——专门被成立就是为了处理那些鸡奸者，因为他们沉溺于这种被

① 雅各布·阿卡代尔特（Jacob Arcadelt，约1500—1568），法国弗莱芒乐派作曲家。弗兰德（Flanders），又作佛兰德斯、法兰德斯，欧洲旧地区名，包括比利时北半部、法国北部、荷兰南部等，其居民被称作弗莱芒人，使用弗莱芒语。

禁的、亵渎神圣的违法行为中而难以自拔。在 1432 至 1502 年之间的七十年里，在夜间办公室办公期间，有 17,000 人（城里 40,000 居民）被关注，其中 3,000 人被宣判有同性恋罪。对他们的处罚是非常严厉的，从公开鞭笞、羞辱到监禁，还有少数人被断肢或阉割，更罕见的是一些被判处有罪的人被烧死或砍头。十六世纪时，卢卡市的神父们希望通过卖淫合法化来减少鸡奸事件。

在卡拉瓦乔的时代之前不久，靠近阿西西的一个小镇里，一个有名的鸡奸者仅仅交了一点罚款就被释放了。人们普遍认为，这件事给了鸡奸者免费通行证，意味着让他们去过自己向往的生活。

也许是因为卡拉瓦乔的名声戏剧性地高涨，同时我们现代社会对性取向问题越来越开放，所以出现了大量关于这位艺术家性取向的讨论。尽管早期的批评家强烈暗示他是双性恋者，但直到十九世纪七十年代早期他才被正式认为是一位同性恋者。与此同时，毫无疑问，所有看过他作品的人都注意到他用一种极具争议的狂热方式去描画年轻男孩，并且他一生都对裸体的女性身体缺乏兴趣（相比较提香等画家）。那些允许受人尊敬的画家以个人或专业名义去探索裸体女子的主题——比如描画沐浴中的苏珊娜被色眯眯的老头偷看——都不能吸引卡拉瓦乔的想象力。如果我们把卡拉瓦乔画的穿戴整齐、忧郁的、贞洁的抹大拉和提香笔下的只用秀发遮体的身体性感的悔恨罪人相比较，一切就昭然若揭了。无论何时，只要男性和女性人物同时出现在卡拉瓦乔的非宗教性的画作中，比如《占卜者》和《犹滴砍下何乐弗尼的头颅》(*Judith and Holofernes*)[1]，他们之间的关系就被暗示为不幸，甚至更为悲惨：男子正在被骗或正被处死。

即使这样，争论一直不断。一位批评家在1995年写道，卡拉瓦乔的朋友和模特马里奥·明尼蒂不可能是同性恋者，因为有明确的证据证明马里奥·明尼蒂在回到了家乡西西里后结婚生子。

许多艺术文学类话题的共同思路或者说谬论都趋向于假设并得出结论，好像几个世纪以前的人们和我们这个世纪的人对于性行为和性观念想法一致。也许是因为性本身似乎是本能的、与生俱来的，所以我们就理所当然地认为它的表现形式也是持续不变的。但是，尽管我们大都认为应该去了解而不是通过自己社会的习俗去推断其他的文化风俗，我们仍错误地推测我们的祖先经历的爱与性和几个世纪之后的我们一样。

事实上，区分异性恋和同性恋，以及把双性恋与这两个群体区别开来的分类是近年来才出现的。在卡拉瓦乔的时代，男人们之间的性与现代观点十分不同。一方面，同性恋的行为似乎不仅平常，而且尽管是违法的，却不像我们猜想的那

---

① 这幅画取材自《圣经次典》中的故事，实际上亦应算作宗教题材。

样令人不齿或羞耻。

一个男人可以在人生的不同阶段与男性和女性发生性关系，这在当时是被广泛认同及接受的观点。而且，与男性发生性关系并不会被联想到女人气，更不会被认为是放弃了他的坚强及男子气概。尤其是如果一个人充当了积极主动的一方，且必须有适当的伙伴，比如说:一个皮肤光滑，未长胡须，未超过十八岁的男孩。必要的年龄差距所带来的社会压力以及相关的禁忌非常地严格，以至于它们潜移默化并掌控了诱惑力与欲望的标准。两个成年男人之间的性被认为是耻辱且罕见的，只有少数几例被夜间办公室里好管闲事的警察记录在案。

所有这些影响了我们对卡拉瓦乔性爱生活的看法。他可能与马里奥·明尼蒂有性关系，后来又和叫作费丽德和蕾娜的妓女有染，这些事实在他的时代并无任何矛盾冲突。而且，一个人尽皆知的鸡奸者也是一个好斗的打架者、街头混混、谋杀犯，这似乎也并不令人迷茫费解。最后，可能也最让人感兴趣的是，当卡拉瓦乔到达罗马时，对于被一个年长的有权势的大人物当作性对象来说，他的年龄可能已经接近或者超过上限了。所以尽管时有暗示表明红衣主教德尔蒙特对卡拉瓦乔很感兴趣以及他的邀请含有性的成分，然而他们同床共枕的可能性却不大，因为他们都喜欢年轻的男孩——正如卡拉瓦乔画中出现的那种男孩。

*　　*　　*

在接下来的几年时间里，卡拉瓦乔依赖于红衣主教德尔蒙特的支持，得以继续居住在夫人宫。此时的德尔蒙特已是画家行会——圣路卡学院的院长了。他把卡拉瓦乔引荐给了许多杰出的文化名流和艺术收藏家，其中就有红衣主教费德里科·博罗梅奥和阿里桑德罗·蒙塔尔托、银行家奥塔维奥·科斯塔以及文森佐·杰士汀尼侯爵，后者成为卡拉瓦乔最重要的赞助人及支持者。德尔蒙特社会圈里的这些人后来预订、购买了卡拉瓦乔的作品，帮助他获得重要的委托，使他从一个有天分的画家一跃成为了伟大的艺术家。

人们对于卡拉瓦乔受德尔蒙特庇护时期的平静安逸的生活的了解，大部分来自对其作品的推断。他在作品中尝试了新颖的方法，不断创新，炫耀自己独特的绘画技巧。在这个时期的作品中显露出来的是一种无忧无虑、安逸及放松的状态。我们可以想象，在经历了长期居无定所、食不果腹的生活后，他因为生活无忧而显露出的“轻松”。

在此期间，他画的画，一直是应他赞助者的要求才画的，或者是他认为他们希望他画那样的画。然而，他一直坚持自己有权利去实践他毫不妥协的天赋和艺术理论。这个时期的油画似乎完全是真诚的，同时也具有讽刺性，这好像是对他被说服本应该遵循的艺术习俗开了一个玩笑。这些矛盾解释了为什么他的一些明显的“旧派”作品却能给我们带来现代之感。无论我们对于传统主题及艺术习俗感觉多么不适，卡拉瓦乔和我们一样甚至比我们先一步地感受到了。他作品中的歌颂、嘲讽意味甚至超越了主题本身——神话人物的画像，悲剧的宗教场景。这一切如果是由一个创造性较差的画家来表现的话，几个世纪以后我们就无法理解了。

表现美的同时又嘲讽美是卡拉瓦乔现在仅存的静物画《水果篮》(*The Basket of Fruit*)的主题。据说此画是德尔蒙特的朋友红衣主教费德里科·博罗梅奥委托卡拉瓦乔所作，也有说法是德尔蒙特送给他的礼物。博罗梅奥是一名热心的静物画迷，特别喜欢北方艺术。他收藏了扬·布罗海尔[①]的作品。在布罗海尔的作品中，各种充满活力的花卉被精心搭配组合，每一朵郁金香、鸢尾花及牡丹都是精挑细选的花中精品。

任何人都能预想到卡拉瓦乔不可能做这类的事情。事实上，对于北方同时代画家所画的生机勃勃的鲜花来说，卡拉瓦乔的作品可能会被看作一种挑战。他的静物画从另一个方面公开宣告他坚持绘画源自自然的信念，同时也使观者意识到他们是在看一幅画。这显然也是他在切萨里画室里长期担任花与水果画师时期（无疑薪水是很低的）一种反叛性抗拒的表现。

---

① 扬·布罗海尔（Jan Breughel，1601—1678），荷兰画家。

卡拉瓦乔水果篮里的每一个水果看起来几乎都是在藤上挂太久或在果园的地上放置时间太长。梨子上有棕色的斑点，无花果已经开裂，甚至没有人愿意去把苹果转动一下，这样有虫洞的那一面就不会显露在画中。叶子的状况甚至更糟糕，半枯半萎，干瘪褪色，布满斑斑点点，磨损的边缘又被虫子咬得凸凹不平。特意洒在上面的水珠只会让我们更加意识到这些水果一点也不湿润新鲜。

布罗海尔所画的花似乎要从画中迸发出来，而卡拉瓦乔画的水果则沉重地躺在草编的水果篮里，一个压着一个。我们认为没有什么比这些不完美的水果更“真实”的了，与此同时，艺术家也一直在颠覆破坏我们的现实感。画中右边一根葡萄藤斜斜地向上伸去，完全违背了万有引力规律，树枝和树叶以一种我们从未见过的方式连在水果上。挂在壁架上的水果篮投射出画中唯一的阴影，似乎也在我们及画作之间投射出令人迷惘的空间。

水果篮与平坦的、金色的、毫无阴影的背景之间的关系使我们想到了古罗马壁画上奇幻虚构的空间，还有早期伦巴第族和锡耶纳族绘画中似乎被粘在装饰壁板上的圣人圣母像。这种效果就好像是说卡拉瓦乔开始画的是荷兰的静物画，结果却画出了完全是意大利风格的画作。这完全是他自己的风格，比刻意做好的任何事情都令人感叹。也许除了认真的植物学家或严肃的北方艺术学生，一般人很难在扬·布罗海尔的画前逗留很久。几秒间就能了解每朵花的绚烂和整体的组合搭配。相比较而言，卡拉瓦乔静物画中的奇特性和独创性得以展现，长久地抓住了我们的注意力和好奇心。

如果《水果篮》里的梨和苹果只是稍稍有点熟透的话，那么在《酒神巴克斯》（*Bacchus*）里的水果则进一步朝完全腐烂的方向发展了。似乎画家一画完静物画就把水果篮放进了柜子里，后来又拿出来装饰在喜欢享乐的酒神的餐桌上。当然，巴克斯是与秋天和收获有联系的，所以水果有点过季。然而，你忍不住就会想到：一位神，如果他愿意的话，会运用其神力给我们提供一些更令人有食欲的东西，而不是一个蛀了虫的苹果、腐烂的梨子和一个开裂的石榴。

整幅画充满了幽默的格调及诙谐的矛盾。然而许多批评家都认为其中的寓意是有关于转瞬即逝的爱与青春的，几乎没人注意到它是如此地诙谐有趣。也许人们很难想象得到这样一个好斗的、烦恼重重的卡拉瓦乔会具有如此的幽默感。

但是画家肯定注意到了他所画的这个可爱性感的年轻神灵——厚厚的嘴唇、黑色的眼睛、光滑的皮肤、卷卷的头发——活脱脱是马里奥·明尼蒂的另一幅画像。画中的酒神斜躺在罩着白布（这白布可能是巴克斯长袍延长出去的一部分）的罗马沙发上，毫不掩饰自己肮脏的手指甲。他手握酒杯的优雅姿势反倒凸显了脏兮兮的手指，这种鲜明性正如他光滑丰满的身体和头上所戴的忸怩作态的葡萄叶头饰与他肌肉发达的手臂之间的对比一样。他的脸和手是红润的，而在《生病的巴克斯》里它们却是不健康的绿色。尽管他性感的眼神似乎和画外的我们碰触，画中的光线却暗示希望我们欣赏他妩媚圆润的肩膀。

《酒神巴克斯》是卡拉瓦乔最后几幅此类画的代表作之一——无忧无虑的半裸美少男性感地凝视着我们，似乎在邀请我们注视他，如果可能的话，想去摸一下那生机勃勃的完美肉体。从那时起，卡拉瓦乔便不可遏制地想去画——或者是应大众需求——这种主题，据推测那个美少男就是年轻的施洗者圣约翰[①]。讽刺的格调和对巴克斯过多的描绘可能是种信号，表明创作者已经探索过这类作品对观者吸引力的极限值了，尤其是对德尔蒙特和他社交圈里的朋友的吸引力。在那时，这种描画手法似乎太过简单。像许多伟大的艺术家一样，卡拉瓦乔很可能不安于一直画这种他运用自如却无任何新的发现与挑战的作品。

所以我们可以看到他在小心翼翼地检验自己的极限以及他好不容易进入的社会圈所允许的极限。那个时期他创作的两幅作品——《被蜥蜴咬伤的男孩》(*Boy Bitten by a Lizard*)和《美杜莎》(*Medusa*)——他的风格从诱惑魅力转为怪异极端。两幅作品都因暴力而充满生机，不是暴力行为本身而是对暴力的突然戏剧性的反应。我们可以推测，卡拉

① 现存有至少8幅《少年施洗者圣约翰》都被认为是卡拉瓦乔的作品。

瓦乔肯定很欣慰自己转向了能够表达个性特征（无论是隐形的还是公开的）的另一种风格。

《被蜥蜴咬伤的男孩》像《酒神巴克斯》一样有玩笑的意味。从一堆水果里爬出来的蜥蜴咬伤了男孩的手指，尽管人们不愿意去挖掘艺术中所含的象征意义，但它所含的性暗示却是不可忽视的。这种与小型爬行动物的联系从卡拉瓦乔时代开始（有诗歌明确指出了蜥蜴和男性性器官之间的联系），延续到如今，在当时有些小男孩把撒尿称为“挤干蜥蜴”。

画中的帷帐和男孩裸露的妩媚肩膀让人想起了《音乐家们》和《抱水果篮的男孩》中的男孩。然而这个男孩是心烦意乱、惊慌失措的，而另两幅画中的男孩却是平静而诱人的。耳朵上戴着一朵小小的玫瑰花，手和腕部纤弱无力——通过这些描画，卡拉瓦乔把双性性格表现得极其女性化，这是当时人们不同情也不喜欢的一种特征。男孩对于受伤（即使疼痛也不会很严重）的恐惧反应中没有一点男子气概。而且他还装腔作势地、夸张地转向我们。为什么他不看着蜥蜴或者自己的手呢？

尽管光滑裸露的肩膀经常是卡拉瓦乔用来表达性吸引力的方式，但吸引画家的是男孩受惊吓后的强烈反应而不是他肉体的诱惑。这幅画可能只是学习之作，随后他画了一个被迫看到了圣马太被残忍地杀死在祭坛台阶上惊恐的男孩。和“被蜥蜴咬伤的男孩”不同的是，《圣马太殉难》中的男孩所应对的是极其重要的、改变一生的事件。

卡拉瓦乔伟大的宗教画中最引人注目的改变是，早期他运用的扭曲表情到后来竟运用到了那些观看恐怖事件的人身上了，而不是用在那些经历了酷刑羞辱或谦逊禁欲的人们身上。也许卡拉瓦乔从《被蜥蜴咬伤的男孩》中开始明白：恐惧和疼痛不如勇气和忍耐能引起我们的同情。

和《被蜥蜴咬伤的男孩》一样，卡拉瓦乔的《美杜莎》被看作表现脸部扭曲的尝试之作。传说中的蛇发妖女戈耳工只要用眼睛一瞥，与她对视的人就会变成石头。因为惧怕她这种魔力，珀尔修斯意识到只有以其人之道还治其人之身来对付她，设计让她看镜子。看到自己镜中影像的戈耳工麻痹瘫倒，珀尔修斯便趁机快速砍下了毫无还手之力的戈耳工的头。

辉煌的希腊英雄们非常吸引德尔蒙特和他的朋友们的注意力，他们还痴迷于自然奇迹、逻辑谜题、科学解答和镜子。在卡拉瓦乔同一时期的一幅画《抹大拉的皈依》（*The Conversion of Magdalene*）中，圣徒把一只手轻轻地放在一面黑色的凸面镜上，这面镜子很大，乍一看像是一面盾牌。为了呼应镜子与盾牌这两者之间形成的联系，并且缓和怪物被自己丑陋的影像吓坏了的自相矛盾，卡拉瓦乔所画的女妖戈耳工的头是附着在凸面的木盾上的。但是画像用一种特殊的描绘方式表现出来，使其呈现出凹面镜效果。像珀尔修斯一样，卡拉瓦乔捕捉到的是戈耳工被打败后临死前的瞬间。

鲜血从她被砍掉的头下方喷出，嘴巴因为恐惧和震惊而成了椭圆形状，眼睛从眼眶中突出，甚至头上的毒蛇也停止了盘旋扭动。画家出色地表达出了戈耳工那一瞬间的瘫软无力。

这幅技艺精湛、让人叹为观止的杰作被德尔蒙特带到了佛罗伦萨并且送给了斐迪南·德·美第奇大公，他和德尔蒙特一样对科学、光学和炼金术探索相当着迷。此画被收入到他神秘的盔甲收藏品中。此幅作品给了德尔蒙特机会去展示他这位新画家的精湛技艺，而卡拉瓦乔也为用被砍下的美杜莎的头来装饰盾牌这一悠久而神圣的传统做出了自己的贡献，人们迷信地认为这个形象可以让他们利用戈耳工的魔咒来对付敌人。

列奥纳多·达·芬奇也画过这样一个盾牌，被科西莫·德·美第奇纳入收藏之中。安德烈·曼特尼亚[①]在一幅画中也画过这样的盾牌。但是这两幅作品都没有达到卡拉瓦乔画中栩栩如生的恐怖之感，也没有凹凸镜的效果或镜子的神奇功效，更不会使一个长时间盯着镜子看的胆大者做噩梦。最后这个主题肯定在卡拉瓦乔脑海中停留了很久，所以几年后他画出了那喀索斯的画像——神话中最不幸的照镜子的人[②]。

① 安德烈·曼特尼亚（Andrea Mantegna，1431—1506），意大利人文主义画家与学者。

② 那喀索斯（Narcissus），古希腊神话人物，是一个俊美的少年，因爱上自己的水中倒影而死，化作水仙花。现常用来代表自恋者。

* * *

与卡拉瓦乔即将创作的杰作相比较，画风优美、技艺精湛的《水果篮》、《酒神巴克斯》、《美杜莎》和《被蜥蜴咬伤的男孩》这些作品，有点像是音乐天才弹奏的钢琴练习曲。也许这只是我们在回顾的时候对一些事实做出的反应，但是我们确实感觉到卡拉瓦乔在静待属于他的时代的来临，之前的只是即兴演奏，真正的演出即将开始。

在教皇克莱孟八世统治时期，教会花费大量的财力和精力把罗马的教堂装饰得更辉煌华丽了。教皇继续圣彼得未完成的任务，1603 年他命他最喜欢的画家切萨里——卡拉瓦乔的前雇主——设计教堂圆顶内的马赛克图案。那个时候切萨里已经绘制了拉特兰圣约翰教堂[①]的基督升天的壁画；乔万尼和切鲁比诺·阿尔贝蒂[②]也绘制了圣器收藏室的拱形屋顶，他们后来又被雇去装饰梵蒂冈的大观众厅——克莱孟大厅。

卡拉瓦乔看到像切萨里这类才华低下的人都在创作雄伟的祭坛，而自己却仍然为红衣主教和他的朋友们画弹鲁特琴的少年，肯定很气恼。但是他很明智地静待自己时代的来临。与此同时，他开始画一系列的宗教作品，这批作品既有能经

① 拉特兰圣约翰大教堂（Piazza di San Giovanni in Laterano），简称圣约翰大教堂，位于罗马，公元 4 世纪早期由康斯坦丁君主建立，与圣彼得大教堂、圣保罗大教堂和圣母玛利亚大教堂并称为天主教四大教堂。

② 切鲁比诺·阿尔贝蒂（Cherubino Alberti，1553—1615），意大利画家、雕刻师。

受时间考验的元素，又能取悦德尔蒙特——音乐、半裸的男孩、荷兰的静物画及威尼斯艺术——这些主题比那些有教养的年长的同行们有更多的观众。也许，在描画抹大拉的时候，卡拉瓦乔就努力地转变自己以及别人对他的看法，从一个画骗子的肖像画家转变成圣人画家——巧的是，抹大拉是妓女的守护圣人。

不难相信，贝洛里说卡拉瓦乔的《忏悔的抹大拉》（*Penitent Magdalene*）的主角是另一个外表和吉卜赛占卜者一样吸引人的邻家女孩。画中的她静坐在那里，在晾干自己的头发，双手叠放在腿上，身着普通的服装，身边随意散放着一罐油、一串珍珠项链和几件首饰。她假装（这正是画家的本意）自己正是那位曾经用头发为耶稣洗脚的妓女。在此，值得我们注意的是其他画家在描绘抹大拉这一主题时，总是画出一些身体仅仅被披下的长发稍稍遮掩的忏悔的裸女。这正是那种卡拉瓦乔毫无兴趣的绘画。最引人注目的是卡拉瓦乔对画笔下的抹大拉没有情色羡慕之情，而是对于懊悔的年轻女子有着强烈的同情与保护之意。在这段时期，教会和教皇针对卖淫制定了越来越苛刻的措施。卡拉瓦乔的肖像画中完全没有道德教育和道德评判，他的主题也没展示任何犯罪、淫荡、艰难或粗俗的痕迹。你感觉到这就是一个他熟识的女孩，她的甜美相貌和悲惨的命运深深地打动了他而已。

妓女在卡拉瓦乔的作品和私生活中都起了重要的作用。

他多次参与的街头争斗都是为博取高级妓女的欢心而争风吃醋所引起的。比如费丽德·梅兰德洛尼就为他几幅作品当过模特，据说她与导致卡拉瓦乔犯下谋杀罪的那场争斗有关。

曾经扮演过抹大拉的模特在《逃往埃及途中的休息》(*The Rest on the Flight into Egypt*) 中以圣母的形象出现了。这幅画表现的是神圣的家庭在艰难旅途中的休憩时光。一个年轻优雅天使的背部把此画一分为二，他漂亮的金色鬈发和一对黑色羽毛翅膀形成了鲜明的对比。这位正用小提琴为圣母玛利亚演奏弗莱芒圣歌的天使，臀部仅仅围了一束半透明的白布。歌词出自《雅歌》[①]，我们能够得知这一点是因为长满胡须的年老的圣约瑟沉思地拿着乐谱。越过天使的肩膀我们能够看得一清二楚。

在天使的另一边，美丽的红头发的玛利亚把婴儿抱在胸前，她把脸颊甜蜜地靠近熟睡中胖嘟嘟的婴儿的头。他们身后站着一头忧伤的驴子，这是我们所知卡拉瓦乔为数不多的风景画中的一幅，画家用符合植物细节的笔触以及荷兰和伦巴第画派梦幻般的艺术风格画出了枝叶茂盛的树木。这一切正投德尔蒙特所好：音乐、风景、男孩。无论如何，这幅画成功地把同性恋和享乐主义或多或少地融入了心灵及宗教之中。

与此同时，从画的左边，从画的阴暗部分，从驴子黑曜

---

① 《雅歌》(*Song of Songs*) 是旧约圣经诗歌智慧书的第五卷。其名取自书中首句："所罗门的歌，是歌中的雅歌。"

石般的眼睛和圣约瑟简朴的长袍中可以看出，一些令人惊叹的新东西出现了或即将出现。约瑟迫使我们关注他的疲惫和沉重、他花白的胡须和凌乱的长发、他同情的注视和渐秃的发际线之下的皱纹。他这个圣人完全不同于《昏迷中的圣方济各》(*The Ecstasy of Saint Francis*) 中那个昏倒在衣着暴露的天使怀中的圣方济各。《昏迷中的圣方济各》是卡拉瓦乔为德尔蒙特画的另一幅油画。尽管圣方济各比扶着他的天使年龄稍长，毛发更浓密，却也是轮廓分明，年轻帅气。但是在旅途中稍事休息的圣约瑟却早已老去，而且永远也不会再年轻了。

如果批评家将卡拉瓦乔早期的一些作品——《水果篮》和《抱水果篮的男孩》——解读为：年老与死亡用一种残酷的速度超过了青春与美貌，圣约瑟正是表现这种残酷速度的活生生的例子，他从符号化的安全和暗含寓意的面具之后被拉了出来。还没有哪个和他类似的人物曾出现在卡拉瓦乔的作品中，但是在接下来的几年内我们越来越多地看到他。画家的绘画风格已经从诱惑的和有魅力的转变为复杂性、力量及伟大。拉小提琴的天使可能是上帝最佳的信息传达者，但是这次是圣约瑟成了先驱，来宣告卡拉瓦乔从忠实于赞助者转为忠实于事实。他勇敢地去描绘在画中没有完全呈现出来同时又至关重要的东西：那就是圣约瑟旅途中的灰尘与沙砾、疲惫与泪水。

*　*　*

很快，卡拉瓦乔就得到了机会，可以用深奥坚定的形象去表达痛苦复杂的事实。通过德尔蒙特的影响，他被委任去装饰罗马的法国国家教堂——圣王路易教堂的康塔热里礼拜堂。

当他拿到任命时，礼拜堂的绘画工作已引起了数十年政治纷争、错误的开始、失败的尝试、撕毁的合约和延误。而上一任负责礼拜堂工作的画家不是别人，正是卡拉瓦乔的前雇主朱塞佩·切萨里。切萨里在完成了毫不出彩的穹顶绘画之后，就忙于和教皇去各地旅行以及重修圣约翰大教堂。他对于那些对他事业毫无推动力的不知名场所的工作毫无兴趣。这个时候，圣王路易教堂的教士们当然愿意雇佣一个没有教堂绘画经验但却声誉很好且有强权背景的画家了。

1599 年的夏天，卡拉瓦乔签了一份为康塔热里礼拜堂的侧墙绘制壁画的合约，酬金和曾经许诺给切萨里的一样。作品要求在六个月内完成，因为年底的时候，应该有大量的朝圣者将涌入罗马来庆祝 1600 年的圣年。

*　*　*

正如在《逃往埃及途中的休息》中，天使把画面分为光明与阴暗，男性与女性，婴儿与年老，他的创作者跨坐于两个不可调和的世界之间。他的生存依赖于协调两者分歧的本能。卡拉瓦乔一踏出他在夫人宫的房间，离开德尔蒙特庇护的上流社会环境，就陷入了动荡不安、纷争、嫉妒、暴力不断的社会，不停地辗转于酒馆、妓院甚至大街上。

因为有慷慨可靠的赞助者提供的舒适与安全，别的艺术家可能会乐于一直过着那种高贵优雅的生活，但是米开朗基罗·梅里西却选择了相反的路。也许是王宫里那些正式的音乐晚会的压力与礼节转为了卡拉瓦乔和朋友们（包括画家普罗斯佩罗·奥尔西和奥拉齐奥·真蒂莱斯基，建筑师奥诺里奥·隆吉和画商康斯坦迪诺·斯巴达）的爆发力，尤其爆发在战神广场的黑暗小巷子里。

卡拉瓦乔好争斗的名声和他作品的名声一样日渐高涨。早期的传记作者热衷于搜罗一些形容词——尖刻、傲慢、好争吵、放荡不羁、暴戾、不安分、古怪——用它们来表达对他性情及道德品质普遍较低的看法。据巴格里昂说，他根本瞧不起同行画家，他总是关注对自己生命有害同时又危及他人生命的场合。贝洛里说他总是在画室待一段时间，然后就带着武器像个职业剑客一般在街上昂首阔步。曼西尼说卡拉瓦乔的过激行为会使自己短寿十年。而桑德拉特提到卡拉瓦乔和他的朋友们会经常卷入到无休止的争斗中，他们有着非常自我且浪漫的座右铭“没有希望，没有恐惧”。

凡·曼德写道，卡拉瓦乔工作两周后，就会花上几个月的时间，挎着剑，身后跟着一个仆人，从一个球场到另一个球场，大摇大摆地闲逛并且惹是生非。当凡·曼德在1604年发表这个发现时，卡拉瓦乔的名声已远播到荷兰。这位荷兰传记作家在写卡拉瓦乔传记时甚至都没看过他的画。

在卡拉瓦乔的知名度和画酬与他的创造力和艺术才能成正比上升的同时，他的名字也不停地出现在罗马警察局和法庭的记录上。在1597年第一次此类案件中，他是作为殴打理发师学徒事件的无辜目击证人出现在法庭上的。然而有证据表明他是很少不带剑就出门的。第二年他就因在纳沃纳广场无证携带武器而被捕。

事实上，他的名声越盛，他的行为就越乖张。在康塔热里礼拜堂的画作揭幕后不到六个月的时间里，就有记录表明他又陷入了法律纷争。这次是因为用棍棒和剑殴打一个艺术学生。从世纪交替之时起，对他的指控就越来越多，所涉事件也越来越暴力且令人不安。

但是在重要的1600圣年，罗马城及教会的官员们疲于应付大量的丑闻、纠纷和各种灾难，所以有关某个米开朗基罗·梅里西·达·卡拉瓦乔的一些指控就似乎变得无关紧要了。

人们好不容易才从1598年12月那场灾难性的洪水中恢复过来。这场洪水冲过了台伯河，一直淹到西班牙广场，毁掉了圣母玛利亚教堂的桥，留下了有名的断桥遗址。在河水最终消退之前，它冲进了教堂，把尸体从坟墓里冲了出来，切断了食物供应，在这场灾难中，一共有一千四百多人丧生。市民们也还没完全从公开处决美丽的比特阿丽斯·琴意的同情悲痛的阴影中走出来。比特阿丽斯·琴意被监禁审判，是因为她伙同她的继母卢克雷齐娅、弟弟贾科莫以及在阿布鲁奇山区的阴森家族城堡里的看守人，一起谋杀了残忍虐待她的父亲弗朗切斯科。

早在 1599 年，比特阿丽斯、卢克雷齐娅和贾科莫就已经被捕了。城堡看守人死于审问中的酷刑拷打。在 9 月 11 日，这一家人要被斩首。戴上黑色的面罩后，卢克雷齐娅首先被斩首了。贾科莫被五马分尸。即使按照今天的标准，比特阿丽斯的死也是令人毛骨悚然的。骄傲的女孩绕开行刑者，自己把头放在斧头下方，然后等了很久。原来拒绝原谅她的教皇克莱孟八世终于宽赦了她的罪过。尽管她仍要被斩首，不过不会被诅咒了的好消息从梵蒂冈一直传到了圣天使广场。恐惧又焦躁不安的比特阿丽斯抬起头几乎站了起来，但一听到教皇的宽赦又马上跪了下去。在她的头滚落之时，行刑的巨大冲击力使她的身体弹跳了起来。修道士们把她的尸体放入棺材时，从行刑台上将其丢了下去以示最后的侮辱。

很多人都观看了处决。据可信的推测，许多同时期的艺术家也在场，斩首的恐怖之感渗入了卡拉瓦乔在那个时期完成的《犹滴砍下何乐弗尼的头颅》这幅画作中。

卡拉瓦乔为热那亚的金融家奥塔维奥·科斯塔创作的这幅画作直接节选了圣经场景中的高潮时刻，表现的是犹太寡妇为了拯救自己的人民，趁着亚述[1]人的将军何乐弗尼醉酒之际砍下了他的头颅。这不是卡拉瓦乔最感人的作品，部分原因是我们感到他对这个主题只有理智或形式上的兴趣。卡拉瓦乔最让我们感动的是，在他画的暴力或暴力后的场景中，他总能激起我们对受害者那一方的同情心——圣彼得[2]的受难和脆弱的被迫害的圣露西。但是《犹滴砍下何乐弗尼的头颅》这幅画里的受害者是坏人。犹滴是英雄，何乐弗尼的死是庄严的处罚，这就解释了为什么在这幅令人瞩目的画中我们觉察到了一些偏离中心的牵强的东西。

将军裸露的扭曲的肌肉、切过脖子的刀锋、喷射出来的血更像画中的血而不是“真实”的血——事实上确实像红颜料——这一切都隐隐透露出令人厌恶的性的暗示。犹滴白色罩衣下明显变硬的乳头丝毫没有减弱我们的感觉，那就是我们看到的是令人讨厌的事，而不仅仅是谋杀。身旁站了一个犹如达·芬奇素描中的古铜色皮肤的老丑婆，犹滴肯定也很厌恶。她伸长了胳膊在执行一项令人厌恶的任务，表情如同一个正在解剖青蛙的女学生。

尽管有许多不足之处，但《犹滴砍下何乐弗尼的头颅》

---

① 亚述（Assyria），约公元前3000年至公元前605年，兴起于美索不达米亚的古代奴隶制国家。

② 圣彼得（Saint Peter），也译作圣伯多禄、圣伯铎，耶稣十二门徒之一。

标志着一个重大的转折点，那就是画家的眼光改变了。这是他第一次研究轰动社会的暴力事件，也是他第一次在作品中用一小束戏剧性的灯光映衬着几乎全黑、毫无特点、空洞洞的背景，唯一在他作品中一再出现的是一条折叠着的红色幔布。在《圣母之死》（*The Death of the Virgin*）中，红色幔布是悬挂在空中的；在目前保存在马耳他岛圣约翰联合教堂里的另外一幅表现斩首的画中，红色幔布则是半盖在濒死的圣约翰身上的。

有可能可怜的比特阿丽斯·琴意的鬼魂就徘徊在魁梧、垂死挣扎的、头被砍掉一半的何乐弗尼上方。可能是《美杜莎》的成功鼓舞了卡拉瓦乔再次尝试另一个与斩首、血腥、杀人犯和死亡瞬间有关的主题。我们可以确信无论是在画中还是在现实生活中，画家肯定有很多机会去观看随意的杀戮和正式的处决。

几十年以来，斩首以及各种可怕的稀奇古怪的殉道和折磨人的方法由于受到了殉教狂热者的鼓动，在十六世纪席卷了整个教会，而且一直是广受画家欢迎的丰富的创作源泉。比如罗马的圣斯德望圆形教堂[①]的内墙上是一种巴洛克式的圆形画景，上面分区域有圆柱形的壁画，每一幅都描画了一个或几个圣徒被肢解、油炸、刀刺、挨打、火烧、喂狮子等

① 意大利罗马的一座罗马天主教次级圣殿，也是匈牙利在罗马的国家教堂，以及宗座德国及匈牙利学院的教堂，供奉圣斯德望和伊什特万一世。教堂内部呈圆形，饰有许多壁画，外部呈十字形。

等的恐怖画面。所有的画面都是以一种不恰当的、卡通式的、孩子气般的欢乐场景呈现出来的，这使得整体效果非常令人憎恶且心神不宁。

无论我们认为它们如何令人恐惧，殉教者的悲惨命运融入了参加罗马1600年圣年庆典的朝圣者的热情人潮中。在每二十五年一次的圣年时——最近一次是2000年——所有到达罗马的虔诚朝圣者都被赐予了一个洗去自己所有罪孽的机会，再带回家的便是犹如刚受洗礼的婴儿一般纯净的灵魂。克莱孟八世和当年到达罗马的三百万名朝圣者休戚与共，他每周赤足参观大教堂时总是泪水涟涟，为朝圣者洗脚并每天邀请其中的十二位共同进餐。他对新教徒、犹太人和被归为异教徒者很不宽宏大量，就在他在位期间，他们被公开处决和判处酷刑。这其中最有名的一个也许就是乔尔丹诺·布鲁诺[①]，他因为拒绝放弃有关道德观、宇宙论及宇宙本质的观点而获罪，最终在2月17日那天，被拉出去，扒光衣服并戴上防止他责骂行刑者的口套，被烧死在罗马鲜花广场。

这就是卡拉瓦乔所生活的社会——暴力而放纵，弥漫着灾难和惨死场景的阴霾，传播着毫无希望的空洞的拯救诺言，无处可寻的救赎，赦免沦为了一场艰难的旅行。生活在这样的世界里，当他凝视着礼拜堂空白的墙凝思时，想的也许

① 乔尔丹诺·布鲁诺（Giordano Bruno，1548—1600），意大利思想家、自然科学家、哲学家。由于批判经院哲学和神学，反对地心说，宣传日心说和宇宙观、宗教哲学，被宗教裁判所处以火刑。

是怎么才能把他的艺术信念、人性，他所见到的、学到的以及遭遇的都融入圣马太的生与死这两个相距甚远又有共鸣的时刻。

*　　*　　*

根据所有记录，包括沉默的不容置疑的X光检测证据都表明了康塔热里礼拜堂的绘画有各种版本和修改，可以看出卡拉瓦乔那段时光也不容易。首先，捐款建造礼拜堂的红衣主教马修·考因特瑞尔（也叫马特奥·康塔热里），早在卡拉瓦乔接手这项任务之前就去世了，但是他留下了一系列详尽的指示作为合同的附录来确保接受委托的画家能如他所愿地完成绘画。他的计划包括圣马太在账房里衣着正规，身边放满了收税人工具的场景。说明里还详述了圣马太应该是正要从桌边起身走上大街的。而基督耶稣和他的门徒们刚好经过，就叫住了他，把他从旧生活中召唤出来投入新的生活。

这位已故主教关于应该如何展现圣马太殉难的想法甚至更加地具体。场景应该发生在一座神殿里，里面有一座带有三五级台阶的祭坛。展现的是圣马太正在被一群士兵谋杀的过程。圣马太在做弥撒时被行刺，描绘的是他被刺伤倒下，或者正倒下却还没死去的瞬间。而这一切被一群男女老少看见了，他们每个人都对这场悲剧做出了怜悯、恐惧或嫌恶的反应。

由于天性爱逞强冒险，卡拉瓦乔开始使用更具有挑战性和复杂性的殉难场景，但是马上就遇上了麻烦。也许红衣主教强调神殿的设计是为了迫使或引导画家绘制出一种早期的版本，在宏伟建筑的映衬下，人物是矮小且凝固在画面中的。行刺者手拿出鞘的剑从画的左边走进来，看起来像是在说古希腊花瓶上游行的是勇士，而不是卡拉瓦乔画中的疯狂而坚决的刺客。

在另一次尝试中，卡拉瓦乔还模仿了拉斐尔的风格，关注人群以及他们的反应。一个妇女以手掩面，一个小男孩偷偷溜到了一个士兵的腿间，这个士兵的背影把画面一分为二，正如《逃往埃及途中的休息》中的天使也是把画面一分为二一样。而《逃往埃及途中的休息》中静态的时间停滞的特点并不是卡拉瓦乔所要的，所以他不再画殉难者，开始转向了不太混乱且人物较少的场景——圣马太走出账房，成为新宗教的传达者。

在《圣马太蒙召》中，我们可以看到卡拉瓦乔通过《福音书》的质朴简洁找到了灵感和勇气去彻底改造历史传统。他通过自身的经历重新想象并塑造了那些标志性的主题人物，把圣徒从永恒缥缈的领域带到了尘世间，把他同时代人对耶稣时代的想象变成了他周遭可看到的现实场景。圣马太账房里的场景让人想到了《老千》。《圣马太蒙召》中有更多戴着紫红色帽子、身穿条纹上衣的男孩围坐在桌子周围，尽管所从事的事情不是非常可疑，但明显是和钱有关的。似乎卡拉瓦乔也意识到了，对于他目前的困境，最好的解决方法就是把耶稣呈现在他早期作品中的骗子面前。骗子们的惊愕程度毫不亚于圣马太。当耶稣指向他时，他无意识地模仿耶稣的手势，伸出一只手指指向自己，好像他的手是耶稣手的延伸。

似乎在创作《圣马太蒙召》的过程中，卡拉瓦乔明白了人生戏剧、最恰当的时机以及个性化而不是大众化的角色扮演者对事件增强效果的重要性。矫饰主义艺术中通用的圣徒形象被一个特定的人物所替代。这是一个来源于生活且受到广泛认可的人物形象，一个疑惑或担忧都能打动我们的人物形象。也就是说，这样的形象比任何其他画中出现的没有一丝熟悉感的圣徒形象更能打动我们。

更重要的是，卡拉瓦乔对于演员和旁观者、主角和配角之间的重要差别有了新的理解。《圣马太蒙召》中的每一件重要事物都泄露了耶稣和他的新门徒之间高度操控、相互吸引的空间，以及画家的各种技巧——明与暗的使用、比例与构图——旨在让我们关注他们之间突然而又富有生机的关系。身着鲜艳条纹外衣的男孩和戴眼镜的老人充当了我们的替身。他们的出现、重要性、漠不关心以及试图去理解或忽略眼前发生的一切，和我们对这个既可理解又不可言喻的奇迹故事所产生的瞬间反应差不多。

这使得卡拉瓦乔再次尝试描画圣徒之死时出现了很大的变化。他不再模仿拉斐尔的场景作为谋杀的背景，而是想象事件发生在一个被伪装成早期基督神殿的罗马小巷里。早期草图中的妇女从人群中消失，画中再也不出现任何女性或温柔的事物来缓和正在发生的暴力冲突。杀戮引发了混乱和随意或不随意的街头暴力行为。杀手知道他正在做什么。他穿得和旁观者一模一样——除了腰间的腰布以外几乎全裸——表明他假装自己是一名等待接受洗礼的新皈依的基督教徒。他突然从人群中站出来执行他的任务。圣马太认识他，他们不是陌生人，现在他们共同上演了最后一幕。

在《圣马太殉难》这幅画中，杀手和年老的圣徒（非常类似于《逃往埃及途中的休息》中的约瑟）与成为被基督耶稣召唤的年轻的圣马太身后的阴暗形成了对比。他们的眼神碰触，两者都只为对方而存在。他们之间的联系是中心，是飓风的风眼。杀手粗暴地抓住圣马太的手腕意味着圣马太被耶稣改变了的生活。这里的连接点是生命而不是灵魂，因此其中的意义每个人都能明白。在倒下时，圣马太几乎撞上了一个男孩，男孩张大嘴巴，尖叫着转过身去。

远处的背景是米开朗基罗·梅里西·达·卡拉瓦乔，他的脸因恐惧和忧伤而扭曲，比他为德尔蒙特所画的美少年年长很多。他已经做到了马特奥·康塔热里要求他所做的，而且其间他还创造了一些红衣主教没有想象到的东西，一种全新的又令人痛苦的东西，一派从地狱边缘才能看到的景象。从此以后，卡拉瓦乔一直追寻这种画风而不能回头。

合同规定的时间过去了很久，卡拉瓦乔才完成了礼拜堂的画。尽管安装的时间还没确定，他仍在 1600 年 7 月拿到了薪酬，这表明工作已经完成。在圣年的年底，直到木匠递交了为他的作品安装及加边框的工作单据后，这些画才最终就位。此时，卡拉瓦乔的声名剧涨，并且开始接受一些薪酬丰厚的大幅巨作的委托了。

巴格里昂写道，有些心怀恶意的人故意过度夸奖卡拉瓦乔的作品，还说著名画家，艺术界的红人费德里科·祖卡罗指责说他不明白大家为什么激动不已，因为《圣马太蒙召》无任何新意，都是乔尔乔内[①]曾经做到过的。贝洛里评价说，尽管卡拉瓦乔重画了两次，但《圣马太蒙召》的构图和生机仍没有充分展现出圣经故事的精髓。他还说由于礼拜堂的光线较暗，也因为画作本身比较阴暗，以至于康塔热里礼拜堂的画作很难被看清楚。此外，他说尽管年轻的画家们对卡拉瓦乔模仿自然的独创性和技巧性印象深刻，意图效仿他的方法——在街上找个模特并把光线从上方打下来，但保守派则抓住一切机会去批评他，声称他走不出地下室、缺乏想象力和文雅性，而且由于技术有限而不得不把所有人物都放置在

① 乔尔乔内（Giorgione，1477—1510），意大利威尼斯画派的代表，代表作有《暴风雨》。

一束光下，一个平面上。

但是很多卡拉瓦乔同时代的人对他的作品做出了正面的评价。1600年的9月,卡拉瓦乔和教皇的财务主管蒂贝里奥·切拉西签订合约，要为人民圣母教堂的切拉西家族礼拜堂创作《圣保罗的皈依》(*The Mystery of the Conversion of Saint Paul*) 和《圣彼得殉难》(*The Martyrdom of Saint Peter*)。作品必须在八个月之内完成，而且卡拉瓦乔同意让切拉西先看他的初步草图，以便切拉西明白他打算怎么描绘皈依与殉难。

无论卡拉瓦乔从他在康塔热里礼拜堂的绘画中学到了什么，这次的工作难度再次大大超出了他的预料。他最初的几次尝试如同《圣马太殉难》的前几版一样失败了。这一次，卡拉瓦乔完成了两幅作品，结果不是被切拉西拒收就是被忧苦之慰圣母堂的神父们（他们在 1601 年 5 月切拉西去世后负责礼拜堂的装饰工作）拒收。他最近大受欢迎且取得艺术上的成功，但却因为发现了如何把握圣马太被杀时的暴力及骚动而自满，这些成为卡拉瓦乔创作的阻碍。也许这位知名且好胜心极强的画家所面临的困境和另一位画家——安尼巴尔·卡拉齐[1]传统却充满活力的祭坛画《圣母升天》已经安装好了有关。

---

① 安尼巴尔·卡拉齐（Annibale Carracci，1560—1609），17世纪欧洲古典风景画奠基人，与其兄阿戈斯蒂诺·卡拉齐及堂兄洛多维科·卡拉齐形成博洛尼亚画派。

那时，卡拉瓦乔和安尼巴尔·卡拉齐被认为是竞争激烈的对手，因为他们同时为切拉西的礼拜堂工作，这被看作艺术家之间的平等竞争。挑剔的卡拉瓦乔在一次诽谤案审讯的证词中提到，安尼巴尔·卡拉齐是当代画家中他非常欣赏的一位。据说卡拉瓦乔非常喜欢卡拉齐在圣卡塔林纳教堂里画的圣玛嘉烈[①]，并曾说过喜欢得要命。

但是关于卡拉瓦乔的困难最可能的解释是：他的问题与卡拉齐关系不大，而是因为故事本身的戏剧性（或更确切地说是没有戏剧性）。在去大马士革[②]的路上，一个被授意去继续恶意迫害基督徒的士兵扫罗突然被一道眩目的光拦住并被打倒在地。此时，他看到了耶稣，耶稣告诉他站起来到城里去并等待下一步的指示。这个故事最重要的地方是内心的，发生在躺在路上昏迷无意识的人的心灵之中。难怪保罗从马上跌下来的细节在《新约》中毫无记载，因为它需要视觉艺术的支持。

在早期的描绘中，比如拉斐尔和米开朗基罗的作品中，一个事件肯定有人群、军人、神父和马的参与。两幅作品都是表现耶稣从天而降出现在保罗面前；在米开朗基罗的作品中，耶稣的降临是伴随着一小群天使的。

卡拉瓦乔的第一次尝试——现保存在罗马的奥德斯加基家族的收藏中——被认为明显效仿了受人尊敬的前辈的作品。

① 圣玛嘉烈（Saint Margaret），基督教圣人，传说中的处女以及烈女。

② 大马士革（Damascus），历史上是伊斯兰第四圣城，世界有人居住的最古老城市，今为叙利亚共和国的首都和最大城市。

几乎全裸的圣保罗倒在一片翠绿的景色之中，他身体蜷缩以遮蔽眩目的光线对眼睛的照射。高大健壮的马在身后高高地抬起前蹄。一个士兵，和保罗一样，年老，胡须满面，正用长矛指着耶稣和从右上方飞入的天使。你不能因为老兵的畏缩而指责他，因为他不清楚这些天堂来客是来救保罗还是伤害他的。耶稣伸出的手多少让人联想到杀害圣马太的刺客抓着圣徒手腕时那个刺杀的动作。

除了混乱骚动的总体印象之外，构图方式也与他完成的康塔热里礼拜堂的画作毫不相同，而且卡拉瓦乔不同于其他画家的特点——阴暗、分辨不清的背景、戏剧性的敏感对照法、当代的布置——也没能展现出来。也许这就是忧苦之慰圣母堂的神父们失望的原因。它完全不可能创造出和圣王路易教堂里让人骄傲的展品一样的轰动效果。

作品被拒收，对于画家的虚荣心和钱包都是一个打击，不过这种情况在红衣主教贾科莫·桑乃西奥买下它之后得到了缓和。在卡拉瓦乔事业的这一阶段，像这种为公共场所创作的作品不能令委托人满意时，立刻就被有钱的个人买主买走的事情后来也多次出现。但是每一次这种事情都会让画家付出更大的代价。

尽管我们听说后来在1602年《圣母之死》被德拉斯卡拉圣母教堂拒收时，他很不高兴，却没有任何记录表明脾气暴躁的画家和任何赞助者之间发生了摩擦。虽然他们拒收他最初的作品肯定让他又气又失望。很显然，他在处理和雇主的关系时能够控制自己，却把挫折感发泄在街头斗殴及在酒馆和妓院的一些卑劣行为上。甚至当卡拉瓦乔在为切拉西礼拜堂作画及修改期间，他因刺伤了圣天使堡的前守卫费拉维奥·卡洛尼西的手而被起诉（尽管起诉后来被撤销）。伤势虽不至于威胁生命，但也严重到会留下永久伤疤的地步。卡拉瓦乔擅长区分画室和街头，在街头最小的冒犯行为都能引发暴力。然而当委托人要求他重画时，他表现得像一个完美的职业画家，能够承受损失，紧缩开支并重新开始。

仔细审视《圣保罗的皈依》的两个版本，我们可以大胆地得出结论，任何缺乏事实依据的事物都不能导致从这一版本到另一版本的飞跃。我们感觉到肯定有个像圣保罗一样的启发时刻：灵光一闪解开了停滞和静止的神秘。然后卡拉瓦乔本能地明白了，关键之处在于不再纠结于事件的内在性、沉默和永恒，而是去迎接挑战，描绘当时间与运动都停止了之后一切归于寂静的时刻。

在第二个版本中，物质世界的喧嚣融入了黑暗和黑夜之中；边缘紧紧连接直至挤出最后一丝空气。飞翔的传道者耶稣已从画中消失不见；从此时起，卡拉瓦乔画笔下的基督就和关注他身影的观者一样永留凡尘了。

两个人和一匹马的形象占据了整幅画面，他们相对于画作来说显得太大了。相比较先前的版本，圣保罗因透视被彻底缩小后显得年轻了许多。他倒在斗篷和佩剑上，胳膊也不再遮着脸，而是完全伸开。他和上帝之间无任何遮拦，也就是说在我们和他之间也毫无遮拦。如果说保罗变年轻了，那么他的马却变老了，而且变得迟钝、笨重、疲惫，更像《逃往埃及途中的休息》中那只悲伤的驴子了。它抬起前蹄也不再去压碎从马背上摔下来的人，好像要一辈子这样抬着似的。老人认为照顾这匹马更实际有用，也不会那么痛苦。他不愿去弄清楚无缘无故摔下马，躺在地上翻滚，视线模糊不清的士兵到底发生了什么。

人群消失了，天使也消失了，只留下了三个形象。他们身体接触紧密，然而彼此之间又是完全独立的。保罗已经离开了另外两者仍存留的平凡世界。像《圣马太蒙召》一样，画家描绘了一个转变过程，但是保罗更像卡拉瓦乔本人，是一个需要被极端地、激烈地去唤醒的人。这里真的没有发生任何事情，一切都已经发生或即将发生。但是，尽管如此，或因为它的静止性，这幅场景比圣马太从账房被召唤更具有戏剧性。因为那个召唤是发生在一瞬间的，但是在去大马士革的路上，卡拉瓦乔给了我们另一种方式去想象，呈现在我们面前的是一个永恒的时刻，一个永恒的凝固瞬间。

如果说《圣保罗的皈依》要比圣马太的神召更能突显内在和残忍的话，那么相反的，彼得的殉难相比较其他圣徒兄弟的被害，就显得不是很残忍，但是更令人痛苦。如果说马太的被害像街头暴力的随意爆发一样，那么彼得的死就像执行死刑一样有条不紊，令人不寒而栗。夜幕背景，静止、简单的构图，角色减少，人物占据大幅空间，大胆地决定描绘的瞬间以及哪些人物成为这场低调而难以忍受的戏剧中的主角——这一切因素都提醒并迫使我们看到：《圣彼得殉难》不仅是《圣保罗的皈依》的姊妹作品，也是它神秘的对应之作。

圣徒被描绘为绑在死亡刑具十字架上，正被抬起并倒钉在十字架上。卡拉瓦乔的想象力再一次地脱离了最初的设想——主要是描绘圣徒被倒钉在十字架上经受折磨——一想到他被折磨的残酷就使我们无意中不再关注他的苦境。除非自己倒立，否则我们不可能看到圣徒的表情。所以这位濒死的被倒钉在十字架上的圣徒实际上已经不是凡人了。卡拉瓦乔的表现方式让我们能够看到圣徒饱受折磨的脸，即使他的眼光躲开我们后飘向他必须去忍受等待着他的痛苦的地方。

这幅画的魅力关键之处在于画家用令人恐惧的自然手法描绘了彼得抬起身子和头的方式。我们觉得圣徒的这种不舒服的姿势是来源于生活。如果我们被迫处于这种境地，躺在那么坚硬的木板上，那么我们也一定会尝试着通过抬起背部，拉紧脖子这种姿势来减轻痛苦。可能卡拉瓦乔就是让他的模特长时间处于这种位置，以至于这位圣徒的替身模特为了缓解不适才采取这种姿势，也许卡拉瓦乔正是通过这种方法才取得这样的效果的。

这幅画给人的总体印象是一种难以忍受的孤独，即使圣徒身处一群人的活动中，一种集体的劳动中。三个身材健壮的工人用尽全力在抬彼得的十字架。三人之中，有两个背对着我们，第三张脸处在阴影之中。你能感觉到，即使能看到他们的脸，他们也是毫无表情、冷漠麻木的。他们在工作中得不到丝毫乐趣，当然也没觉得愧疚和懊悔。他们只是想尽可能快点、少费点劲地做一件事情，做一件他们被雇来需要做的事情。

就卡拉瓦乔的每一幅作品而言，尤其是这一阶段，你可以看到他学会了如何去表现一些非凡的全新的东西。他发现了一个办法去表达他的艺术效果，那就是通过让我们关注与殉难及后果相关的卑贱的劳动而达到效果。这个主题增强了他后期的一幅杰作《圣露西的葬礼》的庄重性及美感。这是他第一次大胆地坚持来源于生活的真实呈现，描画了专门为有权势的人执行杀戮的劳动者那长满茧子的手和粗糙的背。

最重要的是，他在试探我们对于残忍犯罪中无辜受害者的同情度。他所描画的彼得——眉间有交叉的皱纹，肚子上有明显的褶皱，一个工人抱起他的小腿抬起十字架时根本没有意识到他碰触的是一个活生生的人——这一切增加了我们的同情心，当我们意识到马上就要执行死刑时，我们不得不转过身去，因为我们不忍心看到这些。

*　*　*

直到此时，卡拉瓦乔一直过着双重生活——既是德尔蒙特文雅的上流社会的一员，又是在酒馆酗酒，在战神广场后巷里打架的街头混混。但是相比较于他要进入的需要更多约束的、广阔的社会圈以及相关的事业来说，这种生活显得很单纯。即使当他完成了康塔热里和切拉西的礼拜堂里宗教性极强的作品后，他仍受雇去画肖像画，只要那个雇主够有名或者有钱。

好像是为了表明有关圣保罗和圣马太的皈依的画作并不是预示着他突然转向正义之路，卡拉瓦乔画了两张最色情的表现同性恋者的作品。两幅作品的主人公是同一个全身赤裸、黑发、皮肤光滑的男孩。在《施洗者圣约翰》中，男孩伸展着身体，臀部靠在一块皮毛上，胳膊搂着一只皮毛蓬松的公羊，在对着我们调皮地嬉笑。这两者模仿了卡拉瓦乔时代对同性恋者文化要求上的差异（年幼对成熟、光滑对毛发浓密），除了有一点不和谐——其中一个不是人类。这个男孩的姿势逼真地模仿了米开朗基罗在西斯廷教堂的裸像，还增加了一点艺术玩笑的额外效果，这既是对过去杰作的赞颂也是侮辱，同时也放大了画家的毫不在乎。

《胜利的丘比特》(*Victorious Cupid*) 表现的是一个淘气放肆的、长着翅膀的小男孩，他一条腿站立，另一条腿弯向后面铺着皱巴巴床单的长凳上。他张开双腿露出了阴茎。他的一只手放在身后的臀部上，提醒大家注意他完美的臀部。他胜利的快乐表情部分原因可能是因为代表知识、文化及文明的人工产物和象征物——乐器、一支笔和一本书、军用盔甲、科学和数学工具、皇冠和一个天体仪——被扔在他的脚下。不难看出他似乎用象征着现代的目光在审视过去，好像我们用一种道德上极其严格的社会标准玷污了早期社会的纯真。在这个标准下，没有恋童癖的人是不会欣赏到一个男孩的美的。但是在解释狄更斯笔下的小奈尔[①]之死时，只有铁石心肠的人才看不出这些作品中带有的性意味。男孩的表情、姿势显然是充满挑逗、诱惑且性感的。

《胜利的丘比特》是受德尔蒙特的朋友文森佐·杰士汀尼委托所画的，他把此画和一些古代珍贵的杰作挂在同一个房间里。桑德拉特说杰士汀尼后来把这幅画藏在一块深绿色的绸布之后。尽管有人出高价他也不卖。据传，他把此画盖起来是为了不让房间里其余的120幅作品相较之下黯然失色。

1603年，红衣主教奥塔维奥·帕拉维维诺给他买了卡拉瓦乔画作的朋友写了一封警告信。其中有一句有名的话是这样说的，红衣主教警告他的朋友要小心，因为卡拉瓦乔喜欢创作一些跨越“神圣与亵渎”的中间地带的作品。事实上，他的作品确实超越了个人喜好，更近似于一种信念。确实，卡拉

① 狄更斯作品《老古玩店》中的人物。

瓦乔公然反对被归类，他有权利根据自己的信念、智力和审美力以及创造性的、宗教性的甚至色情的冲动去创作。更重要的是，他认为神圣经常能体现在亵渎中、在掘墓人和行刑者的宽阔的肩膀上，甚至是男孩光滑的皮肤和诱人的微笑中。

作为《钉死于十字架的圣彼得》(*The Crucifixion of Saint Peter*)和《胜利的丘比特》的创作者而闻名是需要勇气的。不可避免地，这种勇气也提升了他好的名声——以及恶的名声。他的作品受到许多罗马知名作家和文人广泛的讨论和欣赏。拥有一幅卡拉瓦乔为自己所画的肖像画成为一种身份地位的象征。诗人和音乐家纷纷写抒情诗或情歌来颂扬他具有魔力的风格。这种风格能迷惑观者，让他们搞不清楚自己看到的是真实的世界还是米开朗基罗·梅里西的画作。

卡拉瓦乔和知名的诗人赞巴蒂斯塔·马里诺之间关系亲密，他们两人在艺术上和犯罪上的生活相似。马里诺曾因鸡奸和使未婚少女怀孕而被指控——更多证据表明这两种行为在当时并不被认为是相互排斥的。在离开那不勒斯去罗马之前，马里诺因为替一个后来被处以死刑的朋友伪造文件而入狱。毫无疑问，因为马里诺不是画家，因此就不是卡拉瓦乔潜在的竞争对手。似乎两人之间的友谊对彼此都有激励作用，没有形成像卡拉瓦乔和同行画家之间因竞争而恶化的关系。

卡拉瓦乔为马里诺画了肖像，而诗人也用十四行诗来回应、颂扬画家的美德。马里诺为因极度自恋而遭受严厉惩罚的希腊少年那喀索斯写了挽歌，而卡拉瓦乔则创作了那喀索斯注视自己水中倒影的画作。

这幅画里的那喀索斯不像卡拉瓦乔画笔下的丘比特和施洗者圣约翰，画里的那喀索斯除了自己的倒影，对我们和其他任何事物都没有兴趣。而且，画家的注意力似乎并未放在对观者潜在的影响上，而是在它的整体构图的几何比例上。当那喀索斯跪在池塘边，头偏向一边，他的身体弯成拱形，两条胳膊穿过肩膀的水平线。这个形象再现成水中的倒影，所以镜面形象和现实之间形成了一个椭圆。这两个半圆相连接看起来像是那喀索斯和自己手拉着手，因此形成了由他一个人构成的偏离了中心的圆圈。

* * *

在 1600 年的 11 月至 1601 年的 6 月之间的某个时间，卡拉瓦乔因从未解释的原因搬离了德尔蒙特夫人宫的住处，搬进了德尔蒙特的朋友红衣主教吉罗拉莫 · 马泰的府邸，此人出生于一个富有且有名望的罗马家族。红衣主教的兄弟齐里亚克和阿斯德鲁巴尔都是热心的艺术品收藏家，并且相邻而居。

齐里亚克 · 马泰已经成为或很快就会成为最支持卡拉瓦乔的热情赞助者之一。他开出了天价（以当时的标准看来）向卡拉瓦乔邀画，总价相当于好几份教堂的委托，远远超出了德尔蒙特给出的适中价格。巴格里昂认为齐里亚克被卡拉瓦乔的名声和公众舆论蒙蔽了。他还说卡拉瓦乔从齐里亚克那里赚了几百金币。无论是否被蒙蔽，齐里亚克买下了《施洗者圣约翰》作为送给儿子的礼物。疑问再次出现：挑逗的男性裸体，在卡拉瓦乔的时代和我们的时代，看起来是否是一样淫荡的？否则一个受人尊敬的贵族送给儿子一件这样的礼物就显得很奇怪了。

齐里亚克·马泰还买下了《以马忤斯的晚餐》(*The Supper at Emmaus*)。此画描绘了路加[①]在去以马忤斯的路上所发生的事件。基督遇见了两个以前不相信他死而复生的信徒，直到他们共进了一顿简单的晚餐，基督掰开面包递给他们时，他们才知道同行的人是谁。耶稣却在那一刻突然消失了。

像以往一样，卡拉瓦乔直接切入戏剧的高潮，就是直接画出了当两名朝圣者明白后差点从椅子上跳起来的那一刻。在卡拉瓦乔的作品中，右边的老人伸出双臂的姿势不仅意味着震惊，也反映了内心的无助。左边的朝圣者紧紧抓住椅子的扶手，好像试图阻止自己从画的上方飞升而去。似乎到这时旅馆老板还没弄明白是怎么一回事。尽管他站在复活的主面前，却并未脱帽致意。

灯光、阴影以及透视画法的运用出神入化——老朝圣者的双手伸展到桌子外面，桌子渐隐入空间之中。年轻丰满、

---

① 基督教早期圣徒之一，传统上认为是《路加福音》的作者。

没有胡须的耶稣即使才经受了磨难却依然容光焕发。他凝视下方，脸上带着仁慈却难以捉摸的表情。桌上一篮受损的水果让人想起了卡拉瓦乔早期的静物画。贝洛里抱怨说对于春季的晚餐餐桌来说，无花果和石榴都不当季。

此画是卡拉瓦乔为马泰家族所创作的另一幅画《耶稣被捕》(*The Taking of Christ*) 之后的光明与救赎之作。据说两幅画都被挂在府邸里展示。《耶稣被捕》也在很多方面让人想起了《圣马太殉难》。它关注告密者和被告密者之间不正常的私密关系，展现了混乱又悲伤的震撼景象。这是另一个喧闹的人群场景，但是没有建筑物，没有背景，画中的人物挤满了整个空间。头戴头盔、身穿铠甲的逮捕耶稣的士兵处于画的中心。他们意欲越过犹大去抓耶稣。因为犹大在拥抱耶稣，士兵似乎想立刻把两人都抓起来，或是就把犹大夹在他与耶稣之间。

刻在基督和犹大脸上的痛苦是对于一切的理解，他们明白这个亲吻对于他们自己、对于人类意味着什么。最左边那个惊恐而逃的人是圣马太被杀时逃出来的男孩成年后的形象。在右边，卡拉瓦乔把自己画成了一个目击者，不过此时并未显露出在圣马太被杀时的悲痛。此时，好奇的光芒及手中的灯光照亮了他的脸，也照亮了现场。他想弄明白发生了什么。即使是他手上的灯光让士兵找到了他们要找的人，就是犹大正在亲吻的人，又有什么关系呢？画家展示给我们的是上帝注定的命运，他没有办法改变它。

这些作品，连同卡拉瓦乔在这个时期创作的第三幅宗教画，肯定是令他满意的。这是一幅非常冷静而形象的《汤玛斯的怀疑》(*Doubting Thomas*)，画中半信半疑的信徒受耶稣的邀请用手指去探究耶稣身上的伤口。他运用自己精湛的技艺和惊人的天赋表现了精神戏剧的心理状态。他在取悦观者的同时又没有牺牲自己的想法。

这和他在康塔热里和切拉西礼拜堂的经历完全不同。公共委托带来了压力和问题，这与为欣赏并争抢着购买他最新作品的私人赞助者工作的境况是完全不同的。

1602 年的冬天，卡拉瓦乔签了一份合同，要画被天使启发的圣马太。这幅画将挂在他已为圣王路易教堂和康塔热里礼拜堂所画的两幅画之间。

在卡拉瓦乔递交的第一版中，年老、健壮、长满胡须、几乎秃顶的圣马太双腿交叉地坐在椅子上，腿上摊放着一本书。他的前额因费力地去看希伯来文字而皱起来。一个长着翅膀的、中性的、身穿薄纱的天使斜倚在他的肩头，轻轻地把他纤细的手指放在圣马太粗糙的手背上。

这画作马上被圣王路易教堂的神父拒收了，这明显是因为画里的圣马太看起来更像个建造教堂的劳动者，而不是创立教堂的圣徒。相比较之下，旁边描绘的受惊吓的收税人和被杀害的（或将被杀害的）圣徒看起来倒是更有贵族气质，更有教养。据贝洛里说，画作被拒收的原因是神父们认为双腿交叉、双脚粗鲁地暴露在外的圣马太丝毫没有显示出圣徒的外表和礼仪。

只有光脚、胡须和秃顶被允许画进了第二版中，戴着光环的圣徒身着橙色长袍，里面是高而瘦长的身体以及双脚，显示出了这是一个习惯于智力活动而不是体力劳动的人物。而天使已经后退并上升到了画的上方，不再去教马太怎么阅读了。

在描述卡拉瓦乔对于法国神父拒收第一版圣马太画作的反应时，贝洛里两次使用了“失望”这个词汇，并说画家因为画作被拒收可能对他名声造成的影响和对他公共作品的侮辱而心烦意乱。如同第一版本的《圣保罗的皈依》，这幅被拒收的画被一个私人收藏家（这次是文森佐·杰士汀尼）买走了，不仅挽救了他的名声，还成就了他的骄傲。

现在，负责装饰罗马大教堂计划的教会方面有大量的机会去精确了解选择米开朗基罗·梅里西的潜在优势和可能的危险了。毫无疑问，他们听说了其他神父的经历，也知道了结果。他们能够自己决定起用这样一个画家的前提是，如果他们认为卡拉瓦乔的画作在提升会众的忠诚度和教会的声誉方面的作用，能够大大超过因其作品太原创、太大胆而产生的一系列问题。

在瓦里希拉的圣母玛利亚教堂（就是所谓的“新教堂”），

神父愿意冒这个险。也许是因为他们的教义严守谦逊、简朴及自然的美德，这些精神被卡拉瓦乔转变成了一种艺术美感。在1601或1602年的某个时间，卡拉瓦乔被要求为瓦里希拉的圣母玛利亚教堂画《基督下葬》(*The Entombment of Christ*)，以形成一种故事性的桥梁，联系起两个相邻的礼拜堂——一个是纪念耶稣被钉死在十字架上，另一个则是颂扬耶稣升天。

直到现在，卡拉瓦乔大部分的宗教画作都专注于揭露恐怖、震惊、暴力、受难及忍受。但是《基督下葬》的基调却是温柔而慈悲的。当我们看到发生在身体上的苦难已经结束，当一丝等在悲痛与痛苦尽头的微光出现，送葬者的悲痛也慢慢减弱了。

这幅画有时还被称作《基督遗体的下放》(*The Deposition of Christ*)，贝洛里和曼西尼如此都曾如此称呼它。但事实上，它不是传统意义上的一些笨拙而悲痛的劳动者把没有生命的耶稣抬下十字架的形象。我们可以想象，热衷于用体力付出的形式来表达奇迹产生的卡拉瓦乔，可能很想画出那个场景。但是因为受奥拉托利会神父的同情心的启示，他彻底抵制住了这个冲动，甚至连代表残酷、酷刑和死亡的十字架都没出现在这幅表达救赎、慈悲的作品中。

五个健壮的普通人，三女两男，聚在一起搬运、哀悼基督的身体。赤足、长相非常像米开朗基罗·博那罗蒂的尼哥底母[1]凝视着画外。但是悲伤使他内向，所以当他弯腰去抱耶稣的膝盖时，并未与观者交流。相对于《钉死于十字架的圣彼得》中的那个当十字架被举起时毫无表情地抱着圣人小腿的苦力，他代表了充满善心的另一极。因为极轻，圣约翰只需把一只胳膊放在他的背后。基督不再受到伤害，即使当他门徒的指尖不小心压在他的伤口上。他如此地脆弱让我们感到痛苦。

基督的嘴巴微张，头稍稍后仰，胳膊垂下轻擦过石头。只有细致的写实手法才能使刚刚发生的、不应有的死亡如此真实可信——卡拉瓦乔可能是让模特保持这种不舒服的姿势，直到呈现出死去的耶稣的身体曲线。面对如此悲伤的场景，我们可以从中年的圣母和年轻的女子身上得到启示。圣母伸出双手意味着忍耐和原谅；而年轻女子举起手去抓光线则十分类似于去大马士革路上的扫罗。

奥拉托利会的神父怎么可能不欣赏并珍视这幅表现人类慈爱以及绝望转为希望瞬间的感人之作？此幅祭坛画大获成功，甚至连巴格里昂都被迫写道：这是卡拉瓦乔最出色的作品。许多画家临摹它，包括保罗·塞尚[2]。塞尚并未见过原作，但用水彩颜料临摹了它。随之而来的称赞与安逸，应该为卡拉

---

① 尼哥底母（Nicodemus）是一个法利赛人和犹太公会的成员，在罗马天主教和东正教中都被尊为圣徒。

② 保罗·塞尚（Paul Cézanne，1839—1906），法国著名画家，风格介于印象派到立体主义画派之间，西方现代画家称他为“现代艺术之父”或“现代绘画之父”。

瓦乔事业中这段创新而充满灵感的阶段奠定了基调。

但不幸的是，他很快就将遭遇一系列不愉快的经历，非常类似于他在康塔热里礼拜堂里工作的艰难时期。卡拉瓦乔与其教会赞助者之间的差距频现。他们远远落后于他的思想，却又不情愿去跟上他天赋的飞跃。这一切都预言着不久及遥远的将来。

* * *

同时审视乔万尼·巴格里昂和卡拉瓦乔的作品，将会加强我们的信念，我们的子孙后代会比目光短浅的当代人更睿智，更具慧眼。时间会分出优劣，真金不怕火炼，即使要花长达几个世纪来完成这不确定的过滤过程。

现在看来，卡拉瓦乔和巴格里昂这两位画家被人们认为，甚至他们彼此也认为是重要的竞争对手，是多么地让人吃惊啊！迄今为止，卡拉瓦乔是全世界公认的天才；而巴格里昂，引用最近一篇试图挽救其名声的学术论文中的一句话来形容他："是有史以来最遭人谩骂的画家之一"。

与此同时，意识到他们同时代的人都没有注意过巴格里昂的作品，这一点是多么具有启发性啊！在他事业的一段时期，他不仅模仿卡拉瓦乔的风格，而且是一种拙劣的模仿。复杂的事物被他简化；最流畅的被他僵化；伟大画家最深奥的想象力也被他变得平凡琐碎。尽管原作被私人收藏，我们去追踪审视一下巴格里昂的《天使治愈圣塞巴斯蒂安》(*Saint Sebastian Healed by an Angel*) 的复制品仍然是值得的。这个令人腻烦且奇怪的主题描绘了一个天使从一个昏迷的圣人腰间拔出一支箭的情景。我们可以看到“卡拉瓦乔风格”的主题和技巧被一个天分不足的画家使用时出现了什么样的错误。少年殉道者和更年轻的扮演天堂传道者的男孩之间的色情和被虐的暗示明显是作品中恐怖而令人不安的元素。

在两位艺术家死后，他们相互的关系得到了修正，尽管巴格里昂尽其所能想拥有最后的决定权。他写的卡拉瓦乔传——可能写于 1625 年，出版于 1642 年——提供了关于他对手的最详尽的第一手资料，他描述的语调不仅轻蔑挑剔（“有些人认为他毁了绘画艺术”)，而且毫无同情心（“他死去的时候和活着时一样痛苦”)。

在十六世纪八十年代，巴格里昂受教皇西斯都五世和克莱孟八世委托参与了梵蒂冈和圣约翰大教堂的装饰工作。后来，他受雇于红衣主教尼可洛 · 斯方杜拉托，开始为罗马美丽的圣塞西莉亚教堂工作。他深受卡拉瓦乔原创性观点的影响，成为无数模仿卡拉瓦乔者的第一人。他的《圣爱战胜世俗、肉体和魔鬼》直接回应并试图超越卡拉瓦乔的《胜利的丘比特》。

在巴格里昂的作品中，明显而极度的愚蠢削弱了色情、同性恋及被虐的场景。画中，一个强壮的年轻人装扮成带翅天使，留着长长的鬈发，身穿类似于金属内衣的盔甲。他粗鲁地打断了魔鬼和裸体丘比特之间发生的事。由于圣爱对其威胁施行肉体惩罚，丘比特微微有点畏缩。在为红衣主教贝尼达托·杰士汀尼（也就是文森佐的兄弟，卡拉瓦乔忠实的收藏者）献画之后，为了适应同行画家的批评，巴格里昂重新画了一幅。他们建议圣爱的形象应该更年轻一点，也应该是光着身子的，在第二次尝试的画中，天使光着一条匀称的腿，而脸孔怪异的魔鬼（有人认为很像卡拉瓦乔）转身望向观者。

杰士汀尼没有察觉到画作的明显缺点，他奖给了巴格里昂一条黄金链。在当时这是一种显示成就与成功的重要且公开的象征。所有知名的画家都渴望得到并在自己的自画像中骄傲地展示。这件事犹如在卡拉瓦乔的心头插上了一把匕首。1602年，巴格里昂获得了大家梦寐以求的为耶稣会教堂[①]画祭坛画的重要委托，更是加剧了卡拉瓦乔的受辱和不公正感。也有可能是因为耶稣会会士们听说了卡拉瓦乔为切拉西和康塔热里礼拜堂工作时相关的各种问题，感觉雇佣更传统、更好把握的巴格里昂要安全一些。

巴格里昂的《复活》是野心勃勃、过度混乱、没有中心的景象。一群健壮的士兵在阴暗的墓室深处休息。因为用了

① 耶稣会教堂（Church of the Gesù）位于意大利罗马的耶稣广场，是天主教修会耶稣会的母堂，也被作为司铎级枢机的领衔教堂。

卡拉瓦乔的格调，所以画面显得阴暗。1603 年的复活节，这幅祭坛画首次被展出，就遭到了同行们的谩骂。如果他们知道这幅画会很快从历史上消失，他们的谩骂有可能会稍稍温和一些。十七世纪末期，卡罗 · 马拉塔[①]的画替代了它。只有保存下来的一些准备时候的素描能表明他的设计。然而巴格里昂似乎是一个具备被打倒后又能重新站起来的天赋的画家。他为圣彼得教堂和马杰奥尔圣母教堂工作过，被封为骑士，还被任命为画家行会圣路卡学院的院长。

在耶稣会教堂的祭坛画揭幕式之后，巴格里昂和卡拉瓦乔之间的关系更加恶化了，两人各有自己的追随者和支持者。巴格里昂在卡拉瓦乔的传记中写道，骄傲自大的米开朗基罗·达·梅里西自恃才华横溢，经常诋毁前辈和同时代的画家。

然而有趣的是，巴格里昂忘记了自己也曾经因这样的侮辱而心烦意乱。1603 年 8 月他向罗马总督提出控告，宣称米开朗基罗 · 梅里西、奥拉齐奥 · 津迪勒奇[②]和奥诺里奥 · 隆吉[③]自从他的《复活》画作揭幕以来，一直诽谤、诋毁他的艺术。他认为其原因是他们嫉妒他的作品更受人推崇，也因为他们（事实上只有米开朗基罗 · 达 · 梅里西一个人）想得到来自耶稣会会士的委托。巴格里昂还特别指出三个竞争对手写了一系列对他恶意诽谤的诗。他请求将对他造成痛苦的人及同犯

① 卡罗 · 马拉塔（Carlo Maratta，1625—1713），意大利肖像画家。
② 奥拉齐奥 · 津迪勒奇（Orazio Gentileschi，1563—1639），意大利画家。
③ 奥诺里奥 · 隆吉（Onorio Longhi，1568—1619），意大利建筑师。

起诉并实行法律的制裁。

诽谤诗及听证会上的证词像一扇窗户，让我们窥见了罗马艺术界天天上演的明争暗斗：竞争、谣言、紧张监视对手名声的微涨微落以及潜伏在虚伪的平等表面下的真正威胁。矛头指向巴格里昂的淫秽下流的诗中，不怎么含蓄地隐藏着这样的潜台词：焦虑，轻蔑，愤怒，因不公而生出的愤愤不平。

诗中预言，因为巴格里昂完全没有才能，会很快陷入到连遮羞布都买不起的地步。还建议他把画卖给杂货商，或用来当手纸，要不就送给他的朋友托马索·萨里尼[1]（一个非常不受欢迎的下流画家）的妻子，她可以把它们塞入阴道以阻止萨里尼和她做爱。诗中还反复提及有关黄金链的令人难堪的话：巴格里昂不配也不适合戴它，还不如给他的脚踝上戴上铁链子更合适。

萨里尼在证词中宣称，当他问菲利波·特里塞尼那些罗马的艺术家们是怎么议论他为耶稣会教堂作的祭坛画时，特里塞尼把诗给他看。特里塞尼应该说过诗是由卡拉瓦乔、津迪勒奇、隆吉和另外一位画家奥塔维奥·莱奥尼[2]写的。特里塞尼还说，卡拉瓦乔担心流言蜚语带来的后果，警告他不要给巴格里昂和萨里尼看这些诗。但他还是忍不住把诗给被诽谤的人看了。据萨里尼说，特里塞尼说他是从卡拉瓦乔和奥

① 托马索·萨里尼（Tommaso Salini，1575—1625），意大利巴洛克早期画家。

② 奥塔维奥·莱奥尼（Ottavio Leoni，1578—1630），意大利巴洛克早期画家。

塔维奥·莱奥尼共同喜欢的一个叫作乔瓦尼·巴蒂斯塔的男妓那里拿到卡拉瓦乔写的诗的。男妓是对卖淫男性的一种贬称，他们是专门为了赚钱而且服务对象不分男女的职业卖淫者。他们与那些只是因为喜欢而不是为了钱才成为年长者情人的少男是不一样的。后来,特里塞尼否认了有关男妓的细节，而萨里尼仍把它当作有罪指控的唯一消息来源。

9 月时，卡拉瓦乔在纳沃纳广场被捕，因诽谤罪而入狱。津迪勒奇和特里塞尼也被捕入狱。警察没有抓到隆吉。尽管如此，他们还是从隆吉的住所找到了文件和证据。

在特里塞尼的证词中，他承认是他给萨里尼看的诗，但是否认透露是谁写的。相反他说他戏弄萨里尼，给他暗示，让他自己去猜，还说如果萨里尼教他如何画人物投射的阴影的话，他就告诉他真相。但是萨里尼拒绝了，所以特里塞尼一直没有告诉他诗人的身份。特里塞尼补充道，另一位画家格雷戈里奥·拉托兰迪告诉他其中一首诗是一个学逻辑和医学的年轻学生写的。

奥拉齐奥·津迪勒奇为在他家发现的文件上的字迹做证。第二天，特里塞尼和萨里尼被重新审问，结果没有能成功地解决两人发生冲突的证词中的差异问题。两人各自坚持自己的说法。萨里尼在有关卡拉瓦乔非法召男妓这个令人难堪且有潜在危险的细节上尤为执着。

1603 年的 9 月 13 日，卡拉瓦乔出庭受审。读他的口供是一种奇怪的体验。这是我们唯一一次直接听他讲话，而且相当详细。此次相遇，对于我们和审讯他的法官来说都一样，感觉都是难懂且令人失望的。这不是他的辉煌时刻，他已被捕入狱，而且还是被一个他根本就瞧不起的画家所起诉，由于现代称之为“骚扰”的行为为自己辩护。

他的证词是离题的、自相矛盾的，和是否帮忙写了诽谤巴格里昂的诗的中心问题几乎沾不上边。在审讯中，尽管人身自由岌岌可危，他仍忍不住在法庭上谈论有关他绘画的信念。他真正想谈论的只有艺术：谁是罗马的艺术家；谁是最好的艺术家；一个好的艺术家应该具备什么素质；好的艺术是什么。相对于巴格里昂是个糟糕的画家这个人尽皆知的事实，他是否诽谤过巴格里昂这个问题显得无关紧要。

卡拉瓦乔开始说他不知道自己为什么会在纳沃纳广场被捕。他声明自己是一个画家，几乎认识罗马所有的画家，接着罗列出其中十一个人的名字。他说他们几乎都是他的朋友，然而很快更正说有几个从未和他说过话，其中包括切萨里、巴格里昂、津迪勒奇和一个叫乔治的德国人。在他们的证词中，卡拉瓦乔和津迪勒奇都极力表明两人没有任何联系，因此不可能合作写出有关巴格里昂的诗。据津迪勒奇说，他们之间的隔阂已持续了六到八个月，而卡拉瓦乔说他们已经整整三年没有说过一句话——这对于小小的罗马艺术界里的两个好朋友来说太奇怪了。

卡拉瓦乔继续说，无论如何，并不是他所列举的所有画家都是好的艺术家。当被问及如何界定好的艺术家时，他有点啰唆地说道，他认为好的艺术家是懂得如何画出好画及对绘画有独到见解的艺术家。更重要的是，一个好的画家应该知道如何效仿自然，他在表明自己立场的同时还鼓吹了他一直强烈信奉的写实主义。他说阿尔皮诺、祖卡罗、波马兰齐奥和安尼巴尔·卡拉齐都是一些好画家。这真是令人困惑的言论。人人都知道他瞧不起阿尔皮诺，也没理由欣赏传统派的祖卡罗，此人曾评论说卡拉瓦乔比不上乔尔乔内。也许真相是他认为他们（除了安尼巴尔·卡拉齐）都不是好的画家，只是胡乱选了几个名字来强调整个审讯毫无意义。

有关巴格里昂的话题，卡拉瓦乔讲得就相对简洁多了。除了巴格里昂的朋友萨里尼，没有一个人称赞过巴格里昂的作品。卡拉瓦乔看过他的所有作品，耶稣会教堂的新祭坛画不仅笨拙，而且是巴格里昂画过的最糟糕的画。至于诽谤指控，卡拉瓦乔说他从未和他的朋友奥诺里奥·隆吉谈论过巴格里昂的画。他整整三年没有和津迪勒奇交谈过，也从未和奥塔维奥·莱奥尼说过话。最后，他还说从未听说过有关巴格里昂的诗，也对写意大利或拉丁的诗歌没有兴趣，更不知道什么所谓的“男妓”。

在回来接受第二轮审讯时，津迪勒奇讲述了巴格里昂是怎样因为《圣爱战胜世俗、肉体和魔鬼》而获得黄金链作为奖励的，以及巴格里昂妄图与卡拉瓦乔竞争却没有成功。在他批评了《圣爱战胜世俗、肉体和魔鬼》一画后，巴格里昂重新画了此画。他说从那以后，他和巴格里昂就再没有说过话了。此后，他还宣称和卡拉瓦乔整整六至八个月没有说过话了，尽管在那期间卡拉瓦乔曾向他借了两件画室的道具——一件修道士长袍和一对天使的翅膀，并在审讯前十天还给他了。借道具这件事是这个不成功的骗子忍不住添上去的没必要的细节。尽管这可能只是表示津迪勒奇竭力掩盖自己，以防有人找出真正来还翅膀的送信人或仆人。

就这样，审讯结束了。两周后，卡拉瓦乔从托尔迪纳监狱被释放出来，附带的条件是被禁足在家，并于下个月的某个时间重新出庭。

但是关于两个艺术家帮派之间的麻烦远没有解决。两个帮派是指卡拉瓦乔的朋友们和人数相对较少的巴格里昂的支持者们。在审讯期间，谨慎离开的隆吉回到了罗马，并以砖击巴格里昂的方式表达了自己对诉讼的看法，随后立即被捕。卡拉瓦乔离开了罗马，可能是去了托伦蒂诺。在那里他为嘉布遣教会的圣玛利亚教堂画了一幅祭坛画——现已丢失。此次去马尔凯[①]的行程是他多次匆忙逃离首府行为中的第一次。他的离开是为了让最新的丑闻纠纷冷却下来。但是不可避免地，他一回

① 意大利中部的一个大区，原指“安科纳的边界”。该区被分成5个省，分别是：安科纳省、阿斯科利皮切诺省、费尔莫省、马切拉塔省及佩萨罗马尔比诺省。

来就陷入了在他离开期间愈演愈烈的境况之中。

* * *

1604 年 4 月 24 日，在抹大拉教堂附近的奥斯特里德蒙罗餐馆里的一个侍者对米开朗基罗·达·卡拉瓦乔提出正式控诉。据侍者说，和两个朋友一起在小酒馆里吃午饭的卡拉瓦乔点了八个洋蓟，四个油炸，四个用黄油煎。当卡拉瓦乔问哪几个是油炸的，哪几个是黄油煎的时候，侍者说他一闻就能分辨出来。(一个目击者记得事情不完全是这样，他记得侍者拿起了一个洋蓟，然后凑近鼻子去闻。）卡拉瓦乔马上把一盘子洋蓟扔到了侍者的脸上，然后抓起了朋友的剑。侍者确定他要被攻击就马上逃走了——直接跑到了地方官的办公处。

最后，对卡拉瓦乔的起诉被撤销了。10 月，他再次因向警察扔石头而被控告，卡拉瓦乔否认他犯了攻击罪。他还补充说，他建议警察去寻找真正扔石头的人，他从未说过被指控使用的粗俗的语言。11 月，当他被要求出示携带武器的许可证时，尽管当时他可以出示证明，却辱骂了那位警察（正是之前闹过麻烦的那位警察，可见两人之间有宿仇），他再次被捕入狱，被关在了托尔迪纳监狱。

第二年的 5 月 28 日清晨，卡拉瓦乔因携带剑和匕首在圣安波罗修教堂前的大街上被捕。在他的证词中，卡拉瓦乔宣称罗马总督允许他携带武器。他被释放并给了三天时间来准备自己的辩护。但是指控被再次撤销了。

卡拉瓦乔变得越来越喜怒无常。警察明显是抓住每一个机会去骚扰他并与他作对，结果只是导致了更多的争论、侮辱、逮捕与监禁。毫无疑问，因为对他的指控一直没有起效，让警察们倍感挫折——因为，他们不能无视一直帮画家从中周旋调停的例如德尔蒙特之类的有权势的支持者们的影响力。

警察和法庭的报告让我们想起在所有那些 B 级片中看到过的危险游戏。警察不顾一切地把坏孩子捉拿归案，而坏孩子拼命逃避并藐视法律。而米开朗基罗·梅里西的例子和俗套的剧情不同的是：首先是他的名声与天赋；其次是他已经不是个孩子了。1605 年这一年里他无数次的传讯可能只是他所涉及的各类事件中的一小部分。米开朗基罗·梅里西已经三十四岁了。随着年龄的增长，他似乎更加地有攻击性、冲动且充满敌意。

7 月 20 日，在他于圣安波罗修教堂附近被捕后的两个月，他的一群朋友成功地把他从托尔迪纳监狱中解救了出来。然而被解救的条件是他答应出庭接受一个叫劳拉的妇女和她的女儿伊莎贝拉的指控，承认他侮辱了她们两人。

九天后，法庭的书记员记录了公证人马里阿诺·达·帕斯卡隆的证词。他说前一天晚上，他在纳沃纳广场散步时，有人从后面袭击了他。他的后脑被剑击伤。他确信攻击者是那个画家米开朗基罗·达·卡拉瓦乔。因为他是唯一一个和他有过节、有可能发起攻击的人。两人最初的纠纷是发生在大街上，是有关一个叫列娜的妇女。据帕斯卡隆说，她是卡拉瓦乔的女人。然后他请求立刻离庭去包扎伤口。然后书记员又听取了公证人的朋友盖里佐·洛卡塞卡的证词，他说帕斯卡隆是被一个挥着剑或猎刀，单肩披着黑斗篷的男人攻击的，此人随后转身跑向了红衣主教德尔蒙特的府邸。

显然是意识到了证据对他不利，卡拉瓦乔去了热那亚。一个月后，他回来了。他向帕斯卡隆正式道歉。在官方的文件中，他发誓他对袭击事件深感后悔，并请求公证人的原谅。这种低声下气的道歉行为显然使他得到了罗马总督的谅解。

但是他的麻烦和他公开的悔罪并没有引起女房东的丝毫同情。他已经整整六个月没有支付房租了。就在他和帕斯卡隆握手言和的那一天，他被赶出了在战神广场的住所。他的所有财产被扣留以作为抵押。卡拉瓦乔的反应再一次地出人意料。他向前女房东的窗户扔石头，打坏了她的威尼斯百叶窗，并伙同一些朋友，故意在她房外的街上惹是生非。1605 年 9 月 1 日，女房东普露丹兹·布鲁纳提出起诉，指控画家未支付房租并毁坏了她的天花板。

如果卡拉瓦乔的爆发令人害怕，那么他随后面对侮辱和伤害时的沉默似乎从某方面看来则更令人恐惧。10 月 24 日，法庭公证员问及他耳朵、喉咙的伤口缘由。据公证员记录，这些伤口全绑着绷带。此时无家可归，暂时居住在一个律师朋友安德里亚·鲁菲提家中的卡拉瓦乔宣称那是他不小心从楼梯上摔下来被自己的剑伤到的，在一个他不认识也记不清楚的地方，而且，他不知道事故是怎么发生的，别人也不清楚。

我们都知道，即使卡拉瓦乔的事业进展顺利，那他在这段时间里的暴力倾向可能也还是一样地极端。如果他没有被迫去应付一系列让他焦虑的工作上的挫折（这些都是不可避免的），他也许也会同样地具有攻击性。他焦虑自己如何在新人辈出的艺术家中维持自己长期领先的优势。

然而，我们趋向于认为至少有一些争吵、纠纷及偶发的小脾气和许多宗教画委托的纠葛是和他的挫折有关的。曼西尼把卡拉瓦乔的痛苦归因于《圣母之死》被委托教堂拒收的打击。当他痛苦地意识到——这是肯定的——被拒收的画中有几幅是他最伟大的杰作时，画家的愤怒和悲伤怎能不加剧呢？

* * *

贝洛里写道，《圣母之死》的问题是死去的圣母太像一具真正的肿胀的女尸。巴格里昂认为展示圣母肿胀赤裸的腿是多么无礼。在画进入市场时，曾想买下此画的曼西尼进一步分析了这幅画作的主题对卡拉瓦乔及以后的画家造成的损害。为了举例说明有些现代艺术家画得极差，曼西尼说出了下面的话："他们想画圣母时，展现的却是来自奥塔西奥（奥塔西奥是奥古斯都陵墓[①]附近的红灯区）的肮脏妓女。——卡拉瓦乔在《圣母之死》中展现的圣母就是这样。这也是神父们拒收它的原因，也是可怜的家伙（卡拉瓦乔）终身受此折磨的原因。"

"来自奥塔西奥的肮脏妓女"。年轻美丽的圣母，其甜美和优雅，足以让我们想为她、为我们自己、为人世间的一切流泪。即使围在她躺着的灵柩周围的信徒和妇女不是悲痛欲绝，对生者的共鸣也引起了我们的同情。圣母的魂魄似乎已抛弃了躯体的脆弱。她赤足，身穿简单的红色长袍。刚去世不久的她似乎仍然由内向外发出一种光辉。圣母死亡的姿势——一只手轻轻放在胸前，另一只手摆向一边——在某方面让人隐约想起《基督下葬》中死去的基督。尽管两幅画都表达的是死亡，这却是它们之间唯一相同的细节。如果说《基督下葬》中的尼哥底母、圣约翰、圣母、抹大拉和革罗罢之妻马利亚在一起分担埋葬基督的工作，那么每一个圣母的送葬者则孤立在痛苦中，他们被各自的悲痛隔离开来。他们围在灵柩旁却孤单至极。

站在光线下为死去的基督哭泣的同一个抹大拉已经不能直立了。她蜷在椅子上，深深地陷入自己的悲痛之中。她捂

① 奥古斯都陵墓（Mausoleum of Augustus）是古罗马皇帝的大型陵墓，公元前28年修建于罗马战神广场，位于现在的奥古斯都大帝广场（Piazza Augusto Imperatore）。

着脸，用袖子擦拭着眼睛，毫不在意别人是否在看她。两个信徒捂着眼睛，他们的兄弟注视着圣母。但是照在圣母身上的光却并未照在他们身上。除了床脚放着一个铜盆外，屋里空无一物。人物上方是红色的幔布，天然的木头屋顶、横梁——一个黑暗、空洞、令人害怕的空间。如果我们刻意去看的话，会注意到天上没有光线或任何天堂的迹象。任何东西都不能提供一点能停止悲伤和痛苦的暗示和承诺，更不用说救赎了。悲伤从未被渲染得如此精确而感人，或者说，此时世界上只有悲伤。

也许正是单纯的悲伤而不是圣母赤裸的双脚让善良的神父们惊恐不安，以至于他们别无选择，只有拒收此画。也许更有可能的是，此画关注的是死亡的身体而不是圣母升天。升天可以确保她和生时一样保持纯洁无瑕。因为神父们怎么能在一幅尽头没有一丝光亮，描绘失去、悲伤和死亡的画作前宣扬生命的永恒、天堂的慰藉呢？卡拉瓦乔的画作再一次有了一个飞跃，比以前的作品更具悲剧性，更有共鸣性，更通用也更有情感穿透力。全世界也再一次向他表明，他的作品过于真实，所以没有人愿意去看它。

直到 1607 年春天，被拒收的画才找到了买主。此画在罗马展出一周后被送往曼图亚，好让当地画家观赏。一个卡拉瓦乔狂热的追随者彼得·保罗·鲁本斯说服了曼图亚公爵买下了《圣母之死》。但那时，这个好消息已不能给卡拉瓦乔太多安慰了。他已经逃离罗马（后来证明是好事），并暂时在那不勒斯找到了庇护和工作。

* * *

《圣母之死》表达了卡拉瓦乔艺术观的本质。它既有艺术性，同时又忠实地反映了在感情强烈的宗教戏剧中的普通人，把圣经故事中的传奇诠释为当代现实，更具有情感直观性，对观者的影响也更大，这一点是他同时代画家所画出的完美甜蜜、升华灵魂的作品里所不能达到的效果。当此画被拒收时，他脑中一定闪过这样的念头——许多雇用他装饰祭坛的教会官员们至多警惕地看待、隐约地理解或暂时接受他的观点——这些观点也有可能被神父、赞助者和罗马艺术界拒绝的危险。

作品被拒收的消息让那些对卡拉瓦乔作品的理念和力量大为恼火的保守派们大感欣慰。他们一直认为切萨里所画的头发整洁、衣着鲜亮的纯洁圣人才是正道，卡拉瓦乔画的赤足劳动者、装扮成虔诚圣徒和纯洁圣母的肮脏妓女则不是。与此同时，富有虔诚的罗马人把他们的注意力转向了画坛新秀圭多·雷尼，他展现了卡拉瓦乔的“惊悚”，却又去除了其中粗俗及令人不安的因素。在他的艺术中，他探索了在卡拉瓦乔戏剧场景中黑暗的墓室和阴冷的房间，以及巴格里昂和阿尔皮诺在复活与升天主题中轻柔的天空与胖嘟嘟的小天使背景之间的中间地带。

这部分解释了圭多·雷尼成为罗马艺术界最受欢迎的新宠的原因。挑剔、举止得体、循规蹈矩、虔诚且敏感的雷尼的唯一恶习就是赌博。他忠诚于圣母，而且据传他保持独身以追随她无暇的纯洁，雷尼是卡拉瓦乔的对立面，他们天性的不同反映在创作之中。两人之间的裂痕非常大，即使雷尼遵循的是卡拉瓦乔的作画理念——这也让卡拉瓦乔非常恼火。让人更泄气及导致自我怀疑的是拙劣的模仿更能显出原创的缺陷与平凡，即使是最有自信的画家也对自己的作品有最糟糕的担忧。雷尼的画和他本人一样看起来时尚、甜美、伤感且轻松。即使在模仿卡拉瓦乔的时候，他的画像也更多地展示像阿道夫·布格罗[①]等法国浪漫派画家的特点。几个世纪之后，这些法国浪漫派画家改动了圭多·雷尼的天使和忏悔的抹大拉，使她们变成了极度理想化、美貌无瑕且奇特的无性别的女神和出浴的美女，确保了他们在纳粹领导者最欣赏的艺术殿堂里的崇高地位。

和巴格里昂一样，雷尼被同时代的画家们看作竞争者和威胁者，其中也包括卡拉瓦乔。雷尼的早期传记作者马尔维萨写道，卡拉瓦乔想知道为什么雷尼如此伟大，却总是去看并买卡拉瓦乔的作品。卡拉瓦乔还想知道为什么雷尼在为特

① 阿道夫·布格罗(Adolphe Bouguereau，1825—1905)，法国学院派的著名画家。

雷冯塔纳教堂创作《钉死于十字架的圣彼得》时要抄袭他的技巧。——如果阿尔皮诺没有为雷尼说情的话，这个委托本应该是属于卡拉瓦乔的。

卡拉瓦乔接到的委托越来越少，而雷尼却声名大振。1605 年的冬天，教皇克莱孟八世去世，继任者保罗五世迅速恢复了对英雄主义及崇高艺术的传统品味。他认为这可以反映教皇的重要性和理想。圭多·雷尼的维护者卡瓦利尔·德·阿尔皮诺再一次恢复了他以前作为教皇最喜爱的画家的地位。

很容易想象，当卡拉瓦乔看到不如自己的画家受人推崇而自己的作品和观点却越来越没人关注时，一定非常受伤。正如我们所看到的，频繁的法律纠纷、与警察之间的冲突以及他反复无常的脾气，使 1605 年成为极其不幸的一年。

那年夏天，他从热那亚返回罗马，发现自己被房东赶了出来而无家可归——对于一个虽然最近挫折连连，却依然是罗马最享有盛名的画家来说，这种情形实属罕见。女房东扣下了他的物品，因为他未交房租。房东开出的物品清单看起来很寒酸：两张床、几件简单的家具、一些厨房用具、破旧不堪的衣服、画室道具、武器、一把吉他、十二本书和一些艺术用具。贝洛里说卡拉瓦乔喜欢昂贵的衣服，但是一旦他穿上了一件衣服，不把它穿破是不会脱下来的。他毫不在意个人的整洁。多年以来，他一直把他画的一幅肖像画当作桌布铺在桌上，并长期在上面用餐。

更让人担忧的是，卡拉瓦乔似乎在准时地完成绘画委托这一点上时有问题，或甚至根本就没画。他曾签约为摩德纳公爵作几幅画，但是公爵在罗马的代理人法比奥·马塞蒂在多封信中说他多次尝试去取约定的作品，都没有取到。首先，他有些为难地报告说，他不能拿到画的原因是卡拉瓦乔由于袭击公证人的原因逃到了热那亚。

马塞蒂向德尔蒙特求助，并且在一封著名的信中重述了德尔蒙特认为画家性格极端而古怪。为了证实他的观点，德尔蒙特讲述了卡拉瓦乔如何拒绝多利亚王子出价 6,000 金币委托他为自己的门廊作画的请求。这个结论让马塞蒂更加迷惑不解，因为在接下来的几个月里，卡拉瓦乔两次出现在他家门口乞求一点预付金——其中一次是 12 金币，另一次是 20 金币——而不是他同意为摩德纳公爵作画索价的 50 或 60 金币。

在卡拉瓦乔逃离罗马很久之后，马塞蒂还写了一系列真诚而好笑的信向他的雇主保证，即使画家犯了谋杀罪并逃离了罗马，他也不会放弃努力去争取拿到约定的画，或至少要追回 32 金币的预付金。

在整个艰难的 1605 年，卡拉瓦乔在事业上的衰退似乎坚定了他的决心，那就是不仅要坚持自己的理念，而且还要看自己在艺术之路上能走多远。无论多么艰难、多么不顾后果，他都要抵制越来越正统、狭窄的正教信仰的界限。他的作品更加挑衅、离谱，好像他在考验与他签约的赞助者的耐心底线。

然后在深秋时节，经过多年期盼能够被雇佣去为圣彼得大教堂做装饰工作，也在多年来都怨恨的那些被雇佣去重新装饰大教堂的画家——其中包括波马兰齐奥、多米尼克·帕西尼亚诺[1]和洛多维科·奇戈利[2]——之后，卡拉瓦乔终于受到了侍从组织（教皇的马夫和骑兵队）的委托为圣彼得教堂礼拜堂绘制祭坛画。画面描画的应该是圣母、孩童时期的基督以及圣安娜（侍从们的守护神）。而且画作应该体现教皇庇护五世[3]在1569年正式发布的教义内容：基督和圣母在根除原始罪恶上承担着同样的责任。此教义是为了对抗异教邪说的，例如新教徒们认为人类从亚当夏娃的堕落造成的后果中被解救出来全是因为基督，而不是他的母亲。

在画中，圣母身穿红色的低领长袍，折皱的地方露出了里面的黑裙子，她正弯腰去扶她年幼的儿子。基督是一个两三岁的、个子却挺高的、光着身子的金发小男孩。他已经足够大了，所以渲染手法使他的裸体令人吃惊地性感，消除了我们习惯中的与圣婴相联系的纯真。确实，除了画的戏剧性场景，没有什么可以看出他与普通小男孩的区别，也无从证实他就是我们的救世主。

---

① 多米尼克·帕西尼亚诺（Domenico Passignano，1559—1638），意大利文艺复兴晚期画家。

② 洛多维科·奇戈利（Lodovico Cardi，1559—1613），意大利画家、建筑师。

③ 庇护五世（Pope Pius V，1504—1572），意大利籍教皇，原名安东尼奥·吉斯莱乌里（Antonio Ghislieri），1566年至1572年在位。

圣母玛利亚的手温柔地环在耶稣的胸侧，就在他的腋下，稳稳地扶住了紧张活跃、有点站不稳的小男孩。他们旁边站着圣安娜，一个身穿粗制长袍的妇女。她的视线引导着我们看向画的下方。在那里，婴儿光着脚站在妈妈的光脚上，两人把重量都压在脚下的一条蛇的蛇头之后的要害部位，蛇盘旋并缩着脑袋。三人同时看着蛇，我们需要他们的指引，因为没有他们的帮助（即使有了帮助），我们的注意力会先追索到圣母容光焕发的脸，然后是蛇身上闪亮的白色颜料，最后才注意到——或许我们最初就注意到了，但需要一段时间来领会——小男孩的阴茎。它正在三人的中心，而且在他大腿上投射的阴影也被真实地描绘了出来。

即使今天，无论我们认为自己多么久经世故、知识渊博，此画仍然有种力量促使我们看了又看，想知道我们是否看到了我们自认为看到的东西。卡拉瓦乔期待着梵蒂冈侍从们的反应。当他于1606年初交画并收取75金币的微薄报酬时，关于他们会怎么做这一点，他到底是怎么想的呢？

再一次地，卡拉瓦乔的画被拒收了——据贝洛里说，是因为圣母和赤裸的圣子形象显得卑贱。贝洛里补充道，掌管圣彼得教堂的红衣主教们命人从教堂里撤走此画。而且，他们还决定不让侍从们在教堂里设自己的祭坛。侍从们后来被指派去了大教堂偏僻角落里的一个礼拜堂。

*　　*　　*

1606 年 5 月 28 日，这个星期日的晚上，有两个男子——两人都是带着武器的士兵，都是波伦亚人，意欲不轨——游荡在网球场附近的斯克罗法大街上。他们在等着什么事情的发生——据他们称是一场斗殴。两人中至少有一人已经同意或被雇佣“提供服务”。

5 月下旬的罗马有可能已经很热了。这也更加证明了这是一个不寻常的麻烦之夜。烟火和游行的庆祝仪式标志着教皇加冕仪式的周年庆已变成了混乱与暴力。一个男子在台伯河沿岸的一场争斗中被杀死。不远的地方正是卡拉瓦乔和拉努乔·杜马索尼两大敌对帮派碰头的地方，也正是这两个恶棍（一个教皇监狱的守卫和他的独眼同伴）等待参与的事情发生的地点。

杜马索尼家族是一个街头霸主，是卡拉瓦乔居住地旁的战神广场的地头蛇。他们的祖先有着辉煌的军事历史，足以证明其家族显赫的社会地位，既可以公然犯罪又具有政治影响力。他们给阿尔多布兰迪尼、法尔内塞、克里森兹这些显赫家族充当过守卫、私人军队。拉努乔 · 杜马索尼曾是高级妓女菲丽德 · 梅兰德洛尼的情人。曾给卡拉瓦乔当过模特的菲丽德认为另一位女子夺走了杜马索尼的宠爱而对其大打出手。据说卡拉瓦乔与杜马索尼之间的恶劣关系和菲丽德有着一定关系。奥诺里奥·隆吉和拉努乔·杜马索尼曾经是朋友，但由于奥诺里奥·隆吉在杜马索尼一系列的犯罪行为中做过证人，并且在过去的几年中，两人还多次发生了暴力冲突，所以他们时而是朋友，时而是敌人。

卡拉瓦乔也是，朋友和敌人之间的界限可能突然改变，而且毫无任何预警。28日夜晚前不久，卡拉瓦乔和杜马索尼之间起了纠纷，是和一场网球赛有关的。

网球赛的细节和此事大有关系。但是就像很多流传下来的有关卡拉瓦乔的生平一样，网球赛的细节也有很多种说法。每个人（不仅仅是早期的传记作者，也包括写第一份官方通告的专业书记员）听说或想象的事情似乎也都不太相同。他们或是根据传闻，或是依靠想象和事实捏造出了自己的版本。

一封来自摩德纳公爵在罗马的代理人的信中说到，卡拉瓦乔和杜马索尼在一起打网球比赛时，因意见不同而产生争执。此类想法肯定影响了贝洛里，他认为争斗中两人互相用球拍打对方。据三天后官方发出的通告说，争斗的起因是网球比赛打赌，杜马索尼从卡拉瓦乔那里赢了10金币。另一份通告则同意打赌的说法，并进一步说卡拉瓦乔愤怒地拒绝支付10金币。

尤其是在卡拉瓦乔画酬已经下降的时候，这笔赌金并不少。他从侍从们那里仅收到了75金币，并计划收取摩德纳公爵50或60金币，而作品他却一直未交付。与此同时，我们知道他已经从公爵代理人那里要过两次预付金——其中第一次仅 12 金币。这一切都发生在他被房东赶出来，无家可归，所有财物被扣留期间。

因此，最初的冲突和争斗已经演变成了有关荣誉、脾气和愤怒的事情了。10 金币对于一个经济困难的人来说是相当大的一笔钱。而且它还给了一个从不需要理由就使用暴力的人极好的获得金钱的借口。

早在几天前，紧张的关系就导致了冲突。而在 28 日的晚上，似乎每个人都知道，纠纷即将得到解决。双方各有至少四人参加，尽管一份官方通告宣称一共有十二人。两个波伦亚人被召来为卡拉瓦乔和他的朋友兼长期的违法犯罪搭档奥诺里奥 · 隆吉凑数。

这一切不是冲动的，也不是一时火爆脾气的结果。它几乎像芭蕾舞一样，经过了精心的彩排和演出，正如卡拉瓦乔的一生，让人想起莎士比亚的戏剧。

5 月 28 日的晚上，卡拉瓦乔和他的一小队人马大摇大摆地经过了拉努乔 · 杜马索尼位于圣洛伦佐广场的家。而杜马索尼一伙人，其中包括他的哥哥乔万 · 弗朗西斯科和其他两名家族成员，急切地站起来迎接挑战。

暴力打斗当然很难被清楚地观察到、回想起来、理清思路或清晰地描述。但就此事，人们似乎意见一致，尽管巴格里昂把杜马索尼描述成了一个非常有礼貌的人，不幸成了一个寻衅惹事、威胁他人生命的反社会主义者刀下的牺牲者。据巴格里昂说，卡拉瓦乔用刀刺在拉努乔的腿上，他倒在地上，就在此时，卡拉瓦乔杀死了他。而曼西尼的意见相反，他宣称死亡发生时，卡拉瓦乔是在自卫。

拉努乔和卡拉瓦乔单打独斗。卡拉瓦乔受了伤，波伦亚人上前来帮忙。拉努乔绊了一下，摇摇欲坠，然后卡拉瓦乔趁机杀死了他。

* * *

受伤的艺术家花了两天时间才恢复到能离开这个城市的程度。在此期间，他在罗马最后的时光可能藏在杰士汀尼侯爵的府邸。他的伤势不可能在他逃亡之时就已经痊愈。据大部分报道说，他逃到了阿尔巴诺丘陵地区，处于科隆纳家族的保护之下。

在那年夏末，他一直在附近画画，毫无疑问是出于强迫自己继续工作和摆脱经济危机需要的双重原因。他完成的其中一幅油画是抹大拉的画像。她的头微微后倾，一只肩膀裸露，那姿势让人想起了他为德尔蒙特描画的少男们。但是抹大拉的中心道具不是鲁特琴而是一个头盖骨，她展示出的是与羞怯和诱惑完全相反的东西。懊悔的力量使她几乎处于忘我状态，更类似于狂喜。这幅画看起来像是给上帝和上天的加密信息：这个基督教中最典型的忏悔形象是由一个极度渴望上天和政府原谅的罪人所画。

再一次地，不像那些让你首先想到的是她们所犯的罪行而不是深深忏悔的、热情美貌的抹大拉们，卡拉瓦乔的忏悔者毫无色情诱惑的成分。首先，她有着青年男子般的肩膀；而且，她与卡拉瓦乔早期作品中亲切的弹琵琶的人和抱水果的男孩不同，离我们很远，让我们觉得连想和她交流的想法都是一种冒犯和侮辱，更别说是碰触了。

卡拉瓦乔又画了另一幅《以马忤斯的晚餐》。比起他早期的版本，此画更阴暗，更严肃也更深刻。光洁、纯净的基督被一个饱受折磨的形象所代替，餐桌边的朝圣者也更多是被卡拉瓦乔一直相信的想法所感动而不是惊诧：一个人在艰苦的旅途尽头能找到奇迹和救赎。但是如果说这些画对于创作者来说具有个人及精神意义的话，它们也是刻意所为，以便为将来储备资金。《以马忤斯的晚餐》很快就卖给了他另外一个忠实的长期赞助者奥塔维奥·科斯塔。

秋天来临时，卡拉瓦乔去了处于西班牙管辖下的那不勒斯。这几乎是一个完全不同的国度。即使今天的那不勒斯也能让你感觉到好像已经离开了意大利，而且神奇地来到了北非或者亚洲。这座旧城的街道比罗马的街道更狭窄，更像迷宫，而且更阴暗，因为被像摩天大楼一样的古老建筑物遮蔽。无论过去还是现在，这里居住的人们都比别处更穷，失业率更高，社会风气相对地也更不稳定且混乱无秩序。

不过，让流亡的画家高兴的是，一些受科隆纳家族影响的人士将两座城市联系在了一起。自从他父亲在科隆纳家族位于米兰的府邸里工作以来，科隆纳家族一直在米开朗基罗·梅里西的一生中起着重要的作用。卡拉瓦乔细心地把他画的抹大拉画像当作礼物送给了那不勒斯的科隆纳家族。他们很骄傲地把卡拉瓦乔介绍给当地的贵族和有权势的艺术收藏家们。那不勒斯的艺术家们也很兴奋，不仅是因为他们之中有了一个伟大的画家，也因为卡拉瓦乔的地位、声名以及恶名所形成的魅力。也许是因为天生易受影响的性格和自然倾向，那不勒斯的画家们用新皈依者的热情为卡拉瓦乔倾倒。而且在此后几十年间，那不勒斯的画作展现的都是舞台般的灯光效果和戏剧性的场景，这正是卡拉瓦乔大师从罗马带来并传授给他们的。

据推测，当地画家对这位才华横溢的新来者十分敬佩。所以当卡拉瓦乔立刻得到了城里最抢手的委托时，他们也毫不怨恨他。于是卡拉瓦乔被雇去为德拉皮欧蒙特卡罗天主教会的仁慈堂画一幅祭坛画。这座教堂是由一群贵族新近建成的。他们组织这样一个团体致力于从事慈善事业，援助穷人及患绝症的患者。卡拉瓦乔被要求描画《马太福音》里列举的七件仁慈行为：给衣不遮体者衣服；探望病人和被监禁者；给饥饿者喂食物；给口渴者饮用水；给旅行者住所。他还被指示要在此画中画入仁慈圣母。

《七仁慈》(*The Seven Acts of Mercy*)是一个艰难的任务，但是卡拉瓦乔勇敢地接受了挑战。这场夜景戏剧是以狭窄的广场为背景的，油画的下半部挤满了和七宗仁慈行为相关的人物场景。最令人吃惊而且最亮的部分讲述的是古罗马的西门和佩罗的传说，一个可被称为典范的孝顺女子用自己的乳汁拯救了被监禁而挨饿的父亲。画家用令人吃惊的自然写实手法描绘了佩罗撩起裙边垫在头发斑白的父亲下巴下面当作垫布。父亲的头伸出监狱的栏杆去吸食乳汁。佩罗半转过身去看周围的景象：参孙从驴子的下颌骨处喝水；圣马丁把斗篷和一个衣不遮体的乞丐一起分享；一个旅店老板引领着朝圣者走向他的旅馆。在佩罗身后，一个神父举着火把帮助一名男子抓起一具尸体的脚踝。圣母玛利亚升在半空，她温柔地抱着光芒四射的孩子，从一群天使、羽毛翅膀和飞舞的幔布间慈悲地看着下方。

这幅画缺乏的情感核心，就是卡拉瓦乔能够把影响力发挥到最大的那种具有活力的亲密互动。这幅画混乱不堪，几乎像个马戏团，没有中心。很难知道我们应该先看什么，或者这幅画紧张、极度活跃的竞争性的场景给我们留下了什么印象——直到我们意识到，我们看到的是那不勒斯特色。即使现在，黑暗、光与影、狂热嘈杂的人群也使这幅祭坛画看起来不像圣经或传说故事，而更像是城市风景画或新闻报道。

德拉皮欧蒙特卡罗天主教会的仁慈堂就位于城市的中心，在城市主教堂的拐角处，也是在古老大街的最繁忙的区域，此街现在已经成了非常拥挤的法院路。比例适中的教堂外形有点像蜂巢，一时间让你想起了弗朗西斯科·博罗米尼[1]建造的一座教堂。但是当你踏入圆形的粉白的教堂内部时，你所希望获得的是片刻的宁静与沉思。这时卡拉瓦乔的作品能把你吸引过去，让你感到古城区令人眼花缭乱及无尽诱惑的街头生活好像不知怎么地跟着你进来了。这是一种魔力。真的，一种奇迹的转变——本来开始描绘七宗仁慈行为，但在绘画的过程中却变成了表现这座本质上无情却又极度热情的城市的印象派画作。

我们再一次看到，卡拉瓦乔把扮成佩罗的普通的那不勒斯妇女显眼的、裸露的胸部和被随意安葬的裸露着双脚的尸体同时展现，他在考验他的赞助者们的审美界限和神经。这一次，画家没有失望。这幅画让有预期的观众——仁慈堂的成员们和在教堂做礼拜的忠诚信徒们满意。在经过了在罗马祭坛画被拒收的风波之后，这肯定让卡拉瓦乔十分欣慰。

他很快就收到了更多那不勒斯赞助者们的其他委托，其中最重要的是被指定为圣多梅尼科马焦雷教堂的弗兰克家族的礼拜堂绘制《被鞭笞的耶稣》（*The Flagellation of*

---

① 弗朗西斯科·博罗米尼（Francesco Borromini，1599—1667），意大利建筑师，巴洛克建筑的代表人物之一。

Christ)。在画完复杂混乱的《七仁慈》之后，卡拉瓦乔回归到了他所擅长的场景描画中——一个简单的戏剧场景，展现的是:无辜的受害者（正是我们宗教崇拜及人类同情心的对象）与拷打者或暗杀者之间形成了鲜明的对比，以这种方式把一个纠结的悲剧场景中的情感放至最大限度。

对卡拉瓦乔来说，鞭笞是一个很好的主题。这是一个好的机遇，可以让他为之全力以赴。这个场景是虔诚的基督徒经常被鼓励去冥想的，作为一种释放，对正在被嘲笑、折磨的耶稣施以同情和怜悯的方式。在罗马的圣普拉赛德教堂里有一个鞭刑柱，据称耶稣就是被绑在这个柱子上受刑的。一天下午，我看见一个修道士跪在这个圣物之前，祷告、哭泣了一个多小时。

《被鞭笞的耶稣》是卡拉瓦乔最美、最悲伤的作品之一。那不勒斯的阴暗改变了他，作品中的阴暗部分变得更加黑了。大幅画面交给了黑暗空洞的空间。整个剧情发生在一个恐怖的那不勒斯的地牢里。那里空无一物，除了一根绑着耶稣的柱子。光线从柱子里、从耶稣还未受刑的胸膛里发出。他肉体的美与光亮只是为了提醒我们过不了多久，它就会布满伤痕，那是他所受痛苦与羞辱在身体上可见的证据。当他转身不去看行刑者时，年轻而完美的身体的每一块肌肉、每一个细胞都绷紧以抵御疼痛。只有几点血污证实了荆棘冠已经戴在了头上的残酷事实。耶稣缩回到自己的精神世界里，他的眼睛紧闭，头歪向一边，下巴半缩进肩膀，看起来像一只小鸟把头藏在翅膀里。

在某些方面，这幅画类似在人民圣母教堂里切拉西礼拜堂里的《钉死于十字架的圣彼得》。两幅作品描绘的都是在真正的磨难开始之前的一刻，两者都展示了一个受难者被三名行刑者摆布的景象。但是两者之间的不同之处显示了卡拉瓦乔的视野变得更加黑暗，更加凄凉。

抬起圣彼得十字架的劳动者们不以他们的工作为乐。他们的脸并未朝向我们，好像是允许自己悄悄地完成这项被指派的任务。他们仅仅是按某人的命令在做一项工作。在《被鞭笞的耶稣》中，左下方一个跪着的男人也是这样，他正不慌不忙地捆着一束树枝，马上就要用它来鞭打耶稣了。同样，左边的那个人也忙碌着，拉紧了那条把耶稣绑在柱子上的绳子，但似乎并没有特别的恶意。但是当你注意到他的腿压在耶稣的小腿上的细节时——一种无端的残忍行为，至少也是一种惊人的无意识行为——你的印象就改变了。因为我们猜测，他的脚抵住柱子底部就能得到同样的支撑力，而没有必要踩住耶稣。毫无疑问，左边的行刑者在享受他的工作。当他猛拉耶稣的头发时，眉毛高抬，龇牙咧嘴，露出一副虐待狂的满足表情。而耶稣斜着头的甜美柔和的角度更加凸显出这种姿势的残忍。

在很多描绘鞭笞的作品中，鞭打耶稣似乎有了近似芭蕾舞的一面。热情高涨的行刑者后退一步，而且扭转身子以加强打击力度。所以也许这个场景让我们痛苦的是，再次目睹到劳动者扮演的真实性。这发生的一切不是跳舞，而是对艰苦劳作的享受。

在卡拉瓦乔的宗教画作中，从《圣马太殉难》甚至到《犹滴砍下何乐弗尼的头颅》，他从未回避人类只要有机会就会伤害彼此的真相。但是直到《被鞭笞的耶稣》，他才揭示了他所知道或怀疑的：人们有多么享受这一切。

* * *

在 1607 年的夏天，卡拉瓦乔离开那不勒斯前往马耳他。就像他在人生最后几年做的那些事的背后动机一样，这次离开的原因也是神秘莫测的，尤其是他的作品在那不勒斯极受欢迎且好评如潮的情况下。也许正如贝洛里认为的，他野心勃勃地想被封为骑士，并获得马耳他的十字勋章。也许他认为当了骑士更容易获得赦免，让他重返罗马。也许他希望获得装饰瓦莱塔的圣约翰教堂的委托。然而这一点似乎不可能，因为他已经在那不勒斯得到了很多报酬丰厚的委托，而且生活环境也是舒适、热闹的。马耳他是一个受圣约翰骑士团统治的特殊而独立的小岛。军事主义的圣约翰骑士团官方上管理得非常严格，但事实上（在当时）已逐渐松懈且存在内部矛盾。也许正是这种孤立吸引了他。也许在他日益加剧的合乎情理的妄想中，他认为教皇政府仍在追捕他，他们仍然决定因为他杀死了拉努乔·杜马索尼而需要把他绳之以法。似乎那不勒斯离罗马太近了，太危险了。

也许是他又一次惹上了某种麻烦，虽然还未引起政府的注意，但是有危险会引发类似的纠纷，与迫使他离开罗马的那种纠纷一样。也许这次最好是走为上策，而不是任由事态发展到危险且不可收拾的地步。依据他的性格来看，这种猜测似乎不无可能。确实，当他两年后重返那不勒斯时，不仅一些旧麻烦在等着他，新麻烦也找到了他。他被袭击了，差点在酒馆的打斗中丧命。

最不可能的解释是桑德拉特提出的，他认为卡拉瓦乔仍然为来自卡瓦利尔·德·阿尔皮诺的羞辱而痛苦万分。阿尔皮诺拒绝和他决斗的原因是因为他是骑士，而卡拉瓦乔不是。据桑德拉特说，在卡拉瓦乔这一段紧张而动荡的时期，他决心把自己的社会地位提升到和前雇主一样。桑德拉特似乎确信和阿尔皮诺的争执对于卡拉瓦乔来说是一个转折点。他一受封为骑士，就马上跑回罗马去找阿尔皮诺解决争执，这次两人的地位相同了。

无论如何，卡拉瓦乔在马耳他一直住到 7 月底。他发现这里完全不同于那不勒斯贵族生活的奢侈享乐和街头生活的混乱，也不同于罗马艺术界、政治界的尔虞我诈。马耳他基本上是一个由宗教志愿军队统管的军事前哨。住在坚固厚墙堡垒里面的圣约翰骑士团承担着神圣的保卫基督教王国和西欧的任务，抵御奥斯曼土耳其人和在 1571 年勒班陀战役以后巴巴里海盗的攻击行为。

当卡拉瓦乔到达马耳他时，许多马耳他人仍然记得 1565 年的大围攻。当时奥斯曼人把骑士们的无头尸体绑在十字架上，像小筏子一样飘满了海港，并冲向岸边。而骑士们用大炮发射死去的土耳其人的首级作为报复。从那以后，被抓住的基督教徒们会被土耳其人卖作奴隶，而土耳其犯人则是在欧洲的船上当奴隶。

马耳他作为繁荣的奴隶市场中心，对于它的道德风气影响极差。骑士们拥有奴隶作为侍从是很普遍的事。专为男性商人、交易者和理论上独身的骑士们服务的妓女大量拥入使得风气更糟糕。1581 年，骑士们反抗并监禁了他们的骑士团团长让·德·拉·卡希尔。因为他犯了一个严重的错误，那就是妄图把妓女们驱逐出岛屿。

在新建的巴洛克风格的城市瓦莱塔，卡拉瓦乔的社会圈子很可能包括马克奥瑞里欧·杰士汀尼（卡拉瓦乔在罗马时一个赞助者的亲戚）和法布里佐·斯福尔扎·科隆纳（他被教皇判处流放马耳他，以解决对科隆纳家族的血统、威望和名声造成的尴尬问题）。最重要的是，卡拉瓦乔深受现任骑士团团长阿罗夫·德·维格纳科特的支持。这位法国贵族在

1601 年担任骑士团团长。他在建筑、军事及文化上都取得了成就：建造了马耳他塔；修建了为瓦莱塔供水的水渠；建立了国家图书馆。当然每个人肯定都明白维格纳科特对卡拉瓦乔的偏爱就表现在封他为马耳他骑士上了。

贝洛里、巴格里昂和曼西尼此次罕见地意见一致。他们绞尽脑汁也想不出出身低下、不应得此荣誉的卡拉瓦乔怎么能获得了这项本是贵族子孙才能专享的荣誉。三人认为卡拉瓦乔被授予骑士身份主要是他为团长画的画像（贝洛里认为有两幅）的回报。维格纳科特对画像很满意，就授予了创作者骑士封号。也许贝洛里和后来的一些人错误地把卡拉瓦乔为另一位马耳他骑士安东尼奥·马特里所画的画像当作是维格纳科特的画像了。

看看这些画像——两者都是描画老人——你可能发现你多么遗憾卡拉瓦乔许多肖像画已经丢失。因为两幅画都是艺术史上心理最复杂、精明又敏锐的作品。它们表现了即使警惕地去守护内心的秘密，身体外表仍能泄露出性格及经历的信息。

像提香、伦勃朗[①]和委拉斯开兹[②]的肖像一样，阿罗夫·德·维格纳科特的画像精确地表现了一个人的脸被迫透

① 伦勃朗·哈尔曼松·范·莱因（Rembrandt Harmenszoon van Rijn，1606—1669）是欧洲 17 世纪最伟大的画家之一，也是荷兰历史上最伟大的画家。

② 委拉斯开兹，全名迭戈·罗德里格斯·德席尔瓦－委拉斯开兹（Diego Rodríguez de Silva y Velázquez，1599—1660），文艺复兴后期西班牙最伟大的画家。

露出多少而又拒绝告诉我们多少信息，以至于我们可能会想我们对这个主人到底了解多少，最后我们不得不同意弗吉尼亚·伍尔夫[①]说过的一句话：你永远也不能了解一个人到底是什么样的。

同时，我们忍不住对画中人物得出自己的结论。骑士团团长站在画中央，身穿沉重却做工精良的盔甲，显得舒适威严。他的站姿显示出权威和控制，仿佛他拥有脚下的土地。蓄着胡须、留着短发的头扭向一边，目光看向远方——敏锐而精明，却不残忍也不胁迫。他对自己感到骄傲，对他这 61 年间的成就而骄傲。但是有一点却和其他老人是一样的，那就是随着年龄增长而变得谦虚，这一点经常会出现在卡拉瓦乔的作品中。尽管作品未尝试使他显得比实际年龄年轻的技法，但也细心地隐去了赘肉，并稍微改变了一下他鼻子的大小和形状，把上面的瘤子也忽略了——而这些特点是其他画家为团长画肖像的时候都忠实地描绘出来的。

这幅画几乎可以被看作传统的军人肖像画。这对于卡拉瓦乔来说是不寻常的传统尝试，但也是可以理解的。即使这个毫不妥协的画家也无疑明白了这个紧要关头有比纯艺术更重要的东西。骑士团团长并不是独自一人出现在画中。在画的左边站着一个十岁左右的漂亮的金发小侍从男孩。他抱着

---

① 弗吉尼亚·伍尔夫（Vinginia Woolf，1882—1941），英国著名女作家，意识流小说代表人物之一。

维格纳科特的装饰着羽毛的头盔。而且画中还强调了头盔似乎比男孩的头大一倍。为什么这个小侍从会出现在画中？为什么他专注地盯着我们，差点抢了团长的镜头？卡拉瓦乔想告诉我们什么？这个小男孩和老人之间是什么关系？我们应该能看出一个事实，对于维格纳科特这个年龄的男子来说，小男孩正好处于当时被认为最有吸引力、最适合当浪漫对象的年龄。

我们永远也不知道的答案其实无关紧要。这个男孩提供了明显的细节——如同其他画中赤足的朝圣者、身体臃肿的圣母、双腿粗糙的圣徒、猛拉耶稣头发的行刑者——巧妙地把现实和传说结合在一个形象中。这正是卡拉瓦乔一直追寻又忍不住呈现的形象，像指纹一样证实了他的存在和想象。

我们不清楚事情发生的顺序和原因是否正如贝洛里认为的那样。我们也可能永远都不知道是否因为骑士团团长对画像很满意，卡拉瓦乔真的被雇去为瓦莱塔的圣约翰大教堂的祷告室画《遭砍头的施洗者圣约翰》(*The Beheading of Saint John the Baptist*)。但是我们推断，从未见过卡拉瓦乔作品的马耳他人可能希望他在创作巨幅祭坛画之前，能展示一幅他以前的作品，这也是合情合理的。这幅祭坛画高达几乎十二英尺，宽十七英尺多，将是他最大型的作品。

《遭砍头的施洗者圣约翰》的构图标志了大胆的尝试，并成了他后来宗教画的特点——描绘奇迹或奇迹发生之前或之后，地点似乎是在深渊。在这些作品中，人物都挤在画作底部一个狭长的地带里，在一大片沉重的尘土色的空间下。画中的每一笔都在提醒我们，过不了多久我们就都要被埋在这里。贝洛里告诉我们，在画《遭砍头的施洗者圣约翰》时，卡拉瓦乔用尽全力快速而激情地作画，以至于在半色调中还能隐隐看到画布。

重要的事情发生在左下方阴暗的街景中，这也是卡拉瓦乔唯一一幅以真实场景为背景的作品：骑士团团长府邸的入口。只有建筑物——石头拱形门和栅栏门——存在于恐怖的场景和右后方两名目击者之间。虽然带栅栏的窗户限制了他们的视线，他们仍尽力想看。不像卡拉瓦乔其他作品总是暗示最糟糕的事情马上要发生，此画设定的时间是悲剧已经发生过了。死了或将死的圣徒手被绑在身后,平趴在地上。和《被鞭笞的耶稣》里的行刑者一样，此画中的行刑者的手猛拉着受害者的头发，但这次却又和《钉死于十字架的圣彼得》里的行刑者类似，并不是成心虐待，只是在完成工作——屠杀工作。悲剧还未结束，被提高的受害者的头只是为了方便下一步行动而已。

当血从施洗约翰的脖子流出，行刑者把手伸向肌肉发达的背后去取短剑以完成斩首是最艰难的部分。所以可能是最糟糕的事情马上就要发生了，毕竟用短剑斩首并不是一个美好的场景。然而除了一个因恐惧而用手捂住脸的老人之外，没有人很在意，他们各自忙着自己的工作。

多年前，在创作《圣马太蒙召》时，卡拉瓦乔就发现伸出的手指能吸引我们的注意力。这次，看守人伸出手指指着莎乐美[①]弯腰捡起的盘子。画中的莎乐美不是我们熟悉的、戴着面纱的性感女郎，而是一个卷着袖子准备参与前面的苦差事的普通年轻女子。看守人冷漠的手势令人不安又引人注意，我们的双眼被它吸引，直到很久后才离开去寻找圣徒的尸体或在施洗约翰血中的签名“f.michel”——也就是团友米开朗基罗。骄傲的宣言表明当此画被安装时，它的创作者已经是马耳他骑士了。卡拉瓦乔在颜料和血之间建立的联系让人想起《犹滴砍下何乐弗尼的头颅》，却又比早期的作品有着更深层的、更具共鸣意义也更令人感动的意味。

幸运的是，圣约翰骑士团相信档案的价值。一系列官方通告记录了卡拉瓦乔作为一个骑士的短暂而有特色的戏剧性生涯。确实，在马耳他总教区的收藏品中有一个匿名的椭圆形的卡拉瓦乔画像，下面写着：FR.MICH/ANGELUS MERISIUS/DE CARAVAGIO。画中的卡拉瓦乔黑头发，下巴上留着胡须，还蓄着山羊胡，身上穿着一件斗篷，可以隐约看见他带着的马耳他十字勋章的一部分。从卡拉瓦乔宗教画中出现的自画像中，我们一眼就看出来了他看起来不满

① 莎乐美（Salome），《圣经》中的人物，古巴比伦国王希律王和其兄弟腓力的妻子所生的女儿，助其母杀死了施洗者约翰。

而愤怒的表情，因为他的嘴巴朝下撇着，并且还噘着。但是画像让你希望如果是由一个有天赋或者天赋上接近卡拉瓦乔的人来画的就好了。画像并未告诉我们任何多于我们从他的生活事实和他的自画像中猜测出的信息。

在 1607 年 12 月末，在卡拉瓦乔前往马耳他六个月之后，骑士团团长阿罗夫·德·维格纳科特写信给罗马教廷的大使，请求他请示一下教皇有关授予两位不知名人士（其中一名在打斗中犯了杀人罪）骑士封号。这封信表示了团长希望骑士称号能说服这个无名人士留在他们这个团体，并表明这个决定对圣约翰骑士团来说非常重要，因为卡拉瓦乔声名远播。2 月时，维格纳科特和教皇保罗五世之间的通信肯定了教皇同意这位不知名的谋杀犯和上封信中提到的第二个人，一个法国贵族被封为骑士。法国贵族的私生子身份问题被认为比杀人罪更成问题。

最后，在 1608 年的 7 月 14 日，大约在他到达马耳他的一年之后，米开朗基罗·达·卡拉瓦乔被封为“忠顺骑士”，是一类不必遵守修道誓约的骑士。官方文件解释说教皇完全同意卡拉瓦乔受封，因为骑士团不仅欢迎贵族也欢迎有伟大艺术和科学才能的人。骑士团的宗旨是鼓励人们致力于重要的事业。圣约翰骑士团授予了新成员十字勋章和腰带。据贝洛里说，卡拉瓦乔还获得了一条黄金链和两个奴隶。

有了黄金链和骑士封号，卡拉瓦乔可能非常满意。他终于和他的对手巴格里昂、阿尔皮诺平起平坐了。贝洛里声称，卡拉瓦乔肯定很快乐，因为他拥有马耳他十字勋章，其作品大受欢迎，地位尊贵且生活富足。

但是了解卡拉瓦乔的人都不能想象这种快乐和平静能持续多久。确实，在他受封后不到三个月的时间里，另一封官方公告记录了关于他命运的一个灾难性转折。他被监禁在圣天使堡里，不知怎么逃出了瓦莱塔坚固的军事监狱，并未经允许就离开了管辖区——仅凭这一项罪名就足以剥夺他的骑士封号。两名骑士被指派去搜索他，并把他带回来绳之以法，并弄明白他到底怎么去完成这项不可能的事情。

调查者寄回了他们的报告，不过现已丢失。后来，据说他使用绳索才成功逃亡。但是没人能真的发现卡拉瓦乔怎样成功做到这不寻常的消失行为，或是谁帮助了他，或就这件事而言，他最初为什么被关进监狱。

按照我们了解的卡拉瓦乔的历史和个性来看，最可能的说法是他失宠的原因是他和另一个骑士发生了冲突。他的脾气和一触即发的敏感使他忘记了圣约翰兄弟团严禁相互打斗。这也是巴格里昂和贝洛里认同的原因。贝洛里宣称，由于他所谓的“痛苦的天性”，卡拉瓦乔和一个正义骑士发生了严重冲突。

就在此时，另一个有关卡拉瓦乔的早期评论者弗朗西斯科·苏西诺也加入了评论队伍，且观点和其他传记者一样。在 1724 年出版的《墨西拿画家的生活》中，苏西诺追踪了卡拉瓦乔从马耳他到西西里，以及最后到那不勒斯和罗马的过程。他告诉我们身戴十字勋章并未使卡拉瓦乔变得行为高贵，反倒给了他一个错觉——自己是一个贵族。在一次显然不具备骑士精神的行动中，他和一位正义骑士打斗起来。被维格纳科特监禁后，他成功地爬过监狱的墙，逃到了西西里。

传唤以及通告传遍了马耳他，却没有画家的踪影。在 12 月 1 日，圣约翰骑士团召开全体会议，取消了米开朗基罗 · 梅里西 · 达 · 卡拉瓦乔的骑士封号。

在才安置了《遭砍头的施洗者圣约翰》的祷告室里召开的会议故作严肃。卡拉瓦乔的名字四次被叫到，但每一次被传唤时他都没有出现。听证会最后达成了一致且不可改变的裁定：米开朗基罗被没收骑士团服装，并像“腐烂的肢体”一样被骑士团开除。

* * *

但那时，卡拉瓦乔已经或相对安全地待在西西里了。在古老的希腊城市锡拉库萨，他和马里奥 · 明尼蒂重聚了。明尼蒂很可能曾和他一起居住在德尔蒙特的府邸中。而且在卡拉瓦乔早期为红衣主教画的作品中，粉唇、鬈发、皮肤光滑的男孩的模特正是他。

四年前，明尼蒂返回家乡，似乎决心远离罗马街头的放荡生活和德尔蒙特宫殿里的奢侈享乐。他结了婚，生了孩子，在经过可能是打斗中犯下了杀人罪的插曲后被赦免。随后，他成为成功且受欢迎的画家。

明尼蒂肯定非常高兴见到老朋友，因为他尽力想让卡拉瓦乔尽可能长久而舒服地待在锡拉库萨。他的努力因为卡拉瓦乔在他之上的声名和一次罕见的好机遇而成功。为了准备即将到来的锡拉库萨的守护者圣露西的节日，市政府委托卡拉瓦乔为新装修的圣露西大教堂创作一幅大作品。

像《圣母之死》一样，《圣露西的葬礼》描绘的是一群送葬者围在死去的女子身边。但卡拉瓦乔似乎从他的早期创作经验中得到了教训。躺在地上的纤弱、苍白的圣露西是一个无辜而纯真的殉道圣女。她已经是纯洁的灵魂了，没有什么让我们想到她刚刚离开的身体。没人会误把她当作“来自奥塔西奥的肮脏妓女”。教会官员和旁观者站在那里，带着深深的悲痛和怜悯之情望着她。但是尽管有一老妇人以手掩面，他们的悲痛却并不像《圣母之死》中的悲痛那般让人感同身受、难以承受。

如同《遭砍头的施洗者圣约翰》一样，整个故事场景都挤在巨幅画作的底部，这又一次反映了卡拉瓦乔毕生着迷于为奇迹而辛苦劳作的劳动者。在这里他们是掘墓人。其中一人把宽阔的背朝向我们，好像保护我们免受恐惧，又或是在隐藏他和同伴们正在干的羞耻的事情。除了挖掘工作，他什么都不感兴趣，他扯动着的肌肉、斜盖过臀部的衣物和圣女美丽的脸庞、仰起的下巴、羸弱的肩膀，捕捉并反射着光线，是场景中最生动的地方，打破了此刻的静默与沉寂。

圣露西是光的中心，也是画中隐藏的秘密。你不得不去寻找她。看她身边有活力的掘墓人，如同《遭砍头的施洗者圣约翰》一样，你不得不强行把注意力从伸出的看守人的手指和拉扯圣徒头发的行刑人身上拉开。这里没有类似《遭砍头的施洗者圣约翰》的残忍和暴力。只有她喉部一道清晰的伤口告诉我们她是怎么死去的。早期版本中的伤口也更令人毛骨悚然，更血腥。贝洛里评论说，画作同《遭砍头的施洗者圣约翰》一样是带着狂暴的激情所作的，因为画布透过半色调也依稀可见。

尽管对圣露西和送葬者的描绘可能没有《圣母之死》中那么悲痛欲绝，画作却似乎更大胆而感人。产生这种效果的原因是占据画作上方三分之二的空旷、阴暗、尘土色的大幅空间。如果圣母是躺在飞舞的深红幔布和简陋的房梁顶之下，这里则空无一物。只有泥土、大地和黑暗。很难想象出一幅更阴郁、更让人不舒服的作品了。但是让我们欣慰的是它的勇气、它的真实以及它的美。看着《圣露西的葬礼》，想到同一位画家在不到十年前为红衣主教画的那些美貌的鲁特琴手，真是太让人吃惊了。

* * *

再一次地，他本来可以待在那里，因为他的作品《圣露西的葬礼》大受锡拉库萨市民的欢迎。在这里他受到了当地名流的热情款待，比如考古学家文森佐·米拉贝拉[①]带他去参观了据说被是被希腊暴君狄俄尼索斯当作监狱的采石场。那些岩洞中有一个具有特别的声音效果：如果一个人在角落里悄声说话，可以在洞穴很远的另一边听得清清楚楚。由于卡拉瓦乔在监狱里待过很久，对于被窃听的恐惧和畏惧经历得也多，所以把它命名为“狄俄尼索斯之耳”。这个名字立刻传播开来且沿用至今。

据推测，卡拉瓦乔肯定还接受了其他来自富有的锡拉库萨人的作画委托。但是到冬天的时候，他已经顺流而上去了墨西拿。苏西诺认为是卡拉瓦乔的不安分、逍遥的天性以及他意识到没有什么比一个城市里的新面孔更有市场价值的想法驱使他离开。在墨西拿他为专门照顾病人的帕德里克罗奇费里教堂创作了一幅祭坛画。为了表示对他的赞助者拉扎利家族的敬意，也考虑到了他的作品即将被安放的场所，他选择了“拉撒路的复活”作为主题。

据苏西诺说，卡拉瓦乔要求在克罗奇费里医院里为他准

---

① 文森佐·米拉贝拉（Vincenzo Mirabella，1570—1624），意大利考古学家、历史学家、建筑师。

备一个房间当画室，他马上得到了最好的房间，并且还有几名医院工作人员的协助，他们专门为画作中的十三个人物当模特摆姿势。苏西诺还宣称，因为卡拉瓦乔坚持追求写实主义，他坚持把腐烂的尸体搬进房间里当作死去的拉撒路的模特。当其他抱着尸体的模特抱怨尸体的恶臭时，卡拉瓦乔用一把短剑攻击他们并强迫他们继续工作。

这似乎是不可能的事情。在画中，只有一个劳动者在扶着尸体。尸体看起来更像一个憔悴的年轻人，而不是一具腐烂的尸体。为了使自己说的故事更加可信，苏西诺引用了一个传闻（他宣称自己不相信）：米开朗基罗·博那罗蒂曾经把一个男子钉在一个木板上，然后用长矛去刺他，只是为了画出更具有说服力的被钉在十字架上的耶稣。

但是苏西诺的另一个传闻似乎更可信，也更符合我们所知的卡拉瓦乔的个性。卡拉瓦乔的作品在完成之前一直处于保密状态。最后当《拉撒路的复活》当众揭幕时，一向以他们的文化修养为骄傲且自信于他们的艺术鉴赏力的锡拉库萨市民，发表了一点点谦虚含糊的言论，不料却惹得卡拉瓦乔非常愤怒，他拿起剑刺向油画并把它撕成了碎片。他立刻又向受惊了的赞助者保证，他会画出一幅更好的拉撒路奇迹般复活的画来。后来他圆满地兑现了自己的诺言，墨西拿市议会十分满意，立即委托他画另一幅大幅祭坛画，这一次的主题是耶稣诞生的场景，是为人骨教堂的嘉布遣会修道院所画的《牧羊人的敬拜》(*The Adoration of the Shepherds*)。作为报酬，他拿到了1,000金币的大笔酬金。讽刺的是，数目刚好是导致拉努乔·杜马索尼和他争吵并丢失性命的一百倍的赌注。

至少，和他当时向摩德纳公爵的代理人乞要12金币的预付金比起来，现在卡拉瓦乔的经济状况大大好转。但是酬金的上涨很显然并没有给这个内心困扰的画家以任何安慰和安全感。他慢慢变得更加不安分、冲动且失控。苏西诺用了这些形容词来形容他：野蛮、残忍、没有耐心、嫉妒、不安分、心烦意乱、愚蠢和疯狂。这些词汇已经够糟糕了，但是他进一步暗示卡拉瓦乔对宗教教义提出质疑，被怀疑是个异教徒。苏西诺曾用一种抒情的方式说，卡拉瓦乔不安定的内心要比墨西拿潮起潮落的大海更动荡不安。

苏西诺告诉我们，卡拉瓦乔总是佩带着武器，即使睡觉时，短剑也放在身边。我们还要感谢苏西诺告诉了我们卡拉瓦乔被迫离开墨西拿的故事。据称，卡拉瓦乔经常在业余时间观察在造船厂附近玩耍的男学生，是为了观察了解他们如何移动以及身体的定位。但是他们的老师，一个叫唐·卡罗·佩佩的人却怀疑画家在男孩四周游荡的动机。这让卡拉瓦乔极为恼火，打了那老师的头然后逃离了墨西拿。总之，苏西诺告诉我们，卡拉瓦乔在他所到之处都用他疯狂的行为留下了印记。

他从墨西拿跑到了巴勒莫。在巴勒莫，他为圣洛伦佐教堂画了《牧羊人的敬拜和圣劳伦斯及圣方济各》(*Adoration of the Shepherds with Saint Lawrence and Saint Francis*)，此画现已丢失。没过多久，他离开巴勒莫回到了那不勒斯。

* * *

没有任何文件和报告能透露一点他离开这座岛屿的动机，在这里他不仅获得了新的声誉（当时他已经是全意大利最有名的画家)，而且还获得了艺术生涯中酬金最丰厚的委托。他的所有传记作者——除了曼西尼——一致认为他处于危险之中，一直在被追踪，不得不一直迁移，以领先敌人一步。

苏西诺说，卡拉瓦乔一直被一个愤怒的敌人追回到了那不勒斯。贝洛里告诉我们厄运一直没有离开他，恐惧驱使他从一个地方到另一个地方，还说他离开西西里的原因是他觉得那里不再安全了。巴格里昂写道，他回到那不勒斯是因为有敌人在追他。但令人恼火的是，他们都没有说出敌人是谁。也可能他们都错了，他们只是在为画家莫名其妙的行为寻找一个理由。也许他没有被追踪，也许他一直相信教皇的赦免很快就能让他重返罗马，而那不勒斯代表着漫漫回家路上的一个暂时的停靠。

也可以想象他被一群复仇的马耳他骑士跟踪的情景。这些人不大可能是骑士团团长派遣的官方团队，很可能是那些被他攻击过的骑士，或是那些因为他轻松逃出监狱且逃避了严重惩罚而备感愤怒的骑士。但是为什么他们花了这么久的时间才发现他的踪迹，才找到他呢？

卡拉瓦乔几乎没有躲藏。他在锡拉库萨和墨西拿都待了相当长的时间，而且他在两座城市里的工作都被人广泛讨论，还提高了他的声誉。在墨西拿，为《拉撒路的复活》提供资金的一位赞助者和当地一位马耳他骑士关系紧密。而且，卡拉瓦乔一直声称他是骑士，却没有提及自己已经被骑士团开除了的事实。事实上，巴勒莫人显然相信这位画家是圣约翰骑士团的骑士。也许正是这个消息让骑士们感到羞辱，才决定追踪他。

也许事实更加简单，没这么传奇。也许他在他去的每一个地方都招惹了新的敌人，正如苏西诺所说，在他所到之处，他都用疯狂的行为留下了印记。

*　　*　　*

最后，一个残酷的事实是很显然的，而不是猜测或怀疑：卡拉瓦乔认为他自己处于危险之中，这并不仅仅是他的虚构或妄想。在他刚到达那不勒斯时，他受到了热烈欢迎，并且被邀请住进了卡拉瓦乔公爵夫人的豪华住宅里。几个月后，他被一群带有武器的人在一家酒馆门前袭击。在随后的打斗中，他严重受伤，以至于有传言说他被杀死了。他的脸被深深砍伤而毁容，据说几乎难以辨认。贝洛里说马耳他骑士是幕后策划人。

这次，卡拉瓦乔在那不勒斯待了七个多月的时间。在此期间他一直在养伤康复，更令人吃惊的是，他也一直在作画。其中保存下来了五幅，三幅已经丢失。肯定还有其他的一些委托。可以理解的是，此时的作品都没有西西里的作品恢宏。有一段时间，他一定是处于疼痛之中，更重要的是，这些画必须便于携带。他可以送给一直在帮助他获得教皇赦免的以前的罗马赞助人们，其中包括骑士团团长维格纳科特。

他的风格再一次彻底改变了。空旷空间下矮小的人物的风格转变成了展现暴力、死亡和斩首的幽闭恐怖的戏剧。先前薄而透的土色调被浓重而有光泽的黑色代替，暗色调更加地黑了。他所描绘的所有人物只有受害者和杀害者。他们的面部表情有冷漠、顺从、疲惫、懊悔、同情和悲伤。

现存的两幅画《钉死于十字架的圣安德鲁》(*The Crucifixion of Saint Andrew*)和《圣乌尔苏拉的殉难》(*The Martyrdom of Saint Ursula*)，都关注死亡的时刻，更精确地说，是不可避免的死亡最终来临甚至是渴望死亡的时刻。圣乌尔苏拉悲伤冷漠地低头望着谋杀者造成的剑伤。

她的身后站着卡拉瓦乔，姿势几乎和他在《耶稣被捕》（*The Taking of Christ*）里的形象一模一样。但是在前一幅自画像中的兴奋与好奇已经消失，画家脸上的表情明显是在尽力地忍住眼泪。在《钉死于十字架的圣安德鲁》中的圣徒几乎接近死亡——他的眼睛已经翻出眼白——以至于士兵和画的右下角的两个旁观者和我们一样，想弄明白老人是否还活着。

在那不勒斯的最后几个月里创作的画中，有两幅是有关斩首后的场景。在《莎乐美收到施洗者圣约翰的头》（*Salome Receiving the Head of John the Baptist*）中，所有三个人物，莎乐美、一个仆人和行刑者都流露出了悲伤与内疚之情。不忍目睹自己所作所为，莎乐美扭头不去看被割下的圣徒的头颅。而老妇人和行刑者则用恐惧而怜悯的表情注视着它。虽然他们两个身体十分接近头颅，他们却似乎是从一个很远的地方在观看：生与死的距离。

也许卡拉瓦乔在那不勒斯最后几个月中完成的画作中最有影响力、最具个人意义的就是《手提歌利亚头颅的大卫》（*David with the Head of Goliath*）。卡拉瓦乔把他知道的有关青春与年老、残忍与同情、生与死、性与磨难的一切感想都毫不犹豫地倾注在这个纤弱的男孩身上——可能和目前保存于罗马波各赛美术馆里的沉思的《施洗者圣约翰》是同一位模特——他胳膊伸出远远地拎着他刚刚杀死的、胡须毛发杂乱的中年男子的头颅。歌利亚的头颅是卡拉瓦乔最后一幅自画像。他的形象粗大而丑陋，一只眼皮下垂，前额有个流血的伤口，可能是被大卫的弹弓射出的致命的石头留下的印迹，但是也在暗示那是画家在那不勒斯酒馆里遭受到的毁容的伤口。

我们在想，也许正是这个人脸上的鲁莽和绝望，让他在不久之后竟然想象能冒着7月的酷暑穿过隔开帕洛（他被扣留的港口）和埃尔科莱港口的延绵数英里的沼泽地，然后再从那里走到罗马。死亡使歌利亚的表情僵化成美杜莎一般的面具。最让人不安的是，死亡没有带给他平静，没有减轻、解除他临死前的痛苦和恐惧，以及被一个小男孩杀死的震惊。男孩非常像卡拉瓦乔平静安稳时期特别钟爱的男孩的形象。

* * *

那年夏天，好消息终于传到了那不勒斯：卡拉瓦乔被赦免了。幸亏有两位有权势的红衣主教的求情，一位是艺术收藏家西皮欧内·波各赛，另一位是费迪南多·贡扎加。卡拉瓦乔仍然感觉自己处于危险之中，感觉到了来自马耳他骑士或可能是西班牙人的威胁。但是有贡扎加的保护承诺，他似乎感觉到足够安全并可以启程回罗马了。

坐着一艘双桅小帆船，画家离开了那不勒斯。船中途在帕洛有短暂停靠。帕洛是位于奇维塔韦基亚和罗马之间的一个荒凉的前哨站。在那里，卡拉瓦乔可能被误以为是别的什么人，被西班牙士兵逮捕并一直扣留到小帆船离开。刚从监狱放出来，卡拉瓦乔就去追赶带着他的画作驶向埃尔科莱港口的船。他急需这些画作为礼物送给帮他获得赦免的有权势的罗马朋友们。

正如贝洛里评论的那样：厄运总是不放过他。卡拉瓦乔下决心在埃尔科莱港口追上船，他要冒着夏日酷暑沿着海岸走 60 英里去追回他的画。他人生最后的一系列灾难开始了，并且是以死亡为结局。很可能他孤独而痛苦地死在了美丽的要塞城镇埃尔科莱港口的医院里。埃尔科莱港口现在是时尚、受人欢迎的海边度假胜地。

像卡拉瓦乔的其他生平事件一样，他最后的时光成为了热烈争讨的话题。有人宣称，他不是自然死亡——比如疟疾——而是被马耳他骑士杀害。但是发现的文件使得这种理论变得不可能。

卡拉瓦乔的死讯一传到罗马，他的收藏家——主要是红衣主教西皮欧内·波各赛——就对丢失的画作的命运十分担心。几幅作品在那不勒斯被发现，而有的则发现被卡普阿的修道院院长拥有，因为它们是马耳他骑士的合法财产。最后，波各赛只获得了现存于波各赛美术馆中的《施洗者圣约翰》。1613 年，杰出的《手提歌利亚头颅的大卫》也被纳入了他的收藏中。

即使在波各赛美术馆最安静的日子里，总有一圈人围在手提被割下的巨人头颅、沉思的年轻大卫的画像边。卡拉瓦乔疲倦、备受折磨、受伤的脸在画中出现在我们眼前，我们很难不被吸引，很难不迷失在他那因憔悴外形显露的粗犷美中。

几个世纪过去了，我们从这位早已去世的画家那里感受到的联系、交流及共享感是直接而深刻的。他用短暂的、悲剧的、混乱的一生绘画奇迹，而且还成功地创造出了艺术的奇迹，用一些颜料、几支画笔、一块画布以及最基本的要素——天赋，创造出了比时间更强大、比死亡更强大的奇迹。